自然门秘传

郭和任 著

北京体育大学出版社

策划编辑：秦德斌
责任编辑：秦德斌
责任校对：吴海燕
版式设计：华泰联合

图书在版编目 (CIP) 数据

自然门秘传 / 郭和任著 . -- 北京：北京体育大学
出版社，2018.7（2020.7 重印）
  ISBN 978-7-5644-3036-8

Ⅰ . ①自… Ⅱ . ①郭… Ⅲ . ①拳术—中国 Ⅳ .
① G852.19

中国版本图书馆 CIP 数据核字 (2018) 第 184433 号

自然门秘传

郭和任　著

出版发行：北京体育大学出版社
地　　址：北京市海淀区农大南路1号院硅谷亮城2B-421
邮　　编：100084
发 行 部：010-62989320
邮 购 部：北京体育大学出版社读者服务部　010-62989432

印　　刷：北京昌联印刷有限公司
开　　本：710 mm × 1000 mm　　1/16
成品尺寸：170 mm × 240 mm
印　　张：11
字　　数：193 千字
版　　次：2018 年 7 月第 1 版
印　　次：2020 年 7 月第 2 次印刷
定　　价：40.00 元

阐目共之奥妙
述中华之神功

甲午年荷月法心莲画

世界武术联盟总会副会长郝心莲先生为本书出版题词

賀《中华武术》杂志第一任主编昌沧先生为本书出版题词

贺，郭和任先生编著
《杜飞虎自然门一书出版》
自然门兼夏杨名
飞虎师德艺新群

昌沧东京华甲年春九句

《中华武术》杂志第一任主编昌沧先生为本书出版题词

　　左起：恩师杜飞虎先生；世界武术联盟总会副会长郝心莲先生；《中华武术》杂志第一任主编昌沧先生；香港国际武术节总裁判长张山先生；中华武术协会传统武术委员会副主任夏柏华先生；中国武术协会副主席王玉龙先生；本书作者郭和任

与中国公安大学教授、北京市梅花桩拳研究会会长韩建忠先生合影

作者全家福

作者练功照　　　　　　与广东电视台"武林探秘"栏目组合影

作者简介

郭和任，男，汉族，自然门第四代传人，嵩山少林寺拳法研究会特邀研究员，国际武术八段（黑带），国际武术裁判。1973年生于浙江省苍南县灵溪镇。自幼习武，勤练不辍，曾先后系统学练南拳、少林六合门、罗汉门、武当张三丰太极拳、自然门。2011年在第一届湖南武术节上获得自然门功法第一名、自然门拳术第一名。2013年获得第十四届世界杯暨世界之最"百佳杰出金牌奖"。同年，参加广东电视台大型武术纪录片《武林探秘》的拍摄。其事迹载入《当代武林英杰大典》《中国民间武师名录》等大型辞书。2016年自然门成功申报苍南县非物质文化遗产。2017年创办苍南县自然门武术研究会。

目 录

第六章 自然门轻功 / 158

自然门轻功走簸箕

自然门轻功－走簸箕

第一章 自然门内圈手

内圈手是集内功、轻功、修身养性、实战于一炉的传统功法，是自然门的基础功法，也是自然门上乘精华功法之一。练习步骤：先习定桩，后习动桩。定桩即站桩，是静中求动，以调身代替调心、调息，通过起势启动由手心劳宫穴将大自然中之微能量采入体内，促进和增强督脉与任脉的循环功能，以活络诸脉，气行血行，畅通气血，固本培元，开发潜能，并起到现代医疗保健作用。动桩即矮裆走圈，是动中求静，要求用意不用力，以心行气，以气运身，意到、气到，由不自然状态进入自然状态，由速慢进入速快，其行动走架快而不飘、慢而不滞、紧而不僵、柔而不软、松而不懈。若练到炉火纯青的地步，就会身法矫健，身轻如燕，攻防躲闪快速绝伦，抽身换影如流星赶月；与敌交手"前进一丈、后退八尺"，随时飘然于敌之背后，使敌防不胜防。

第一节 站桩训练——定桩

定桩共有九式，一至四式为定式，每式练5分钟；五至九式为换式；九式练毕，即可走圈。

内圈手

一、动作名称

第一式 双手侧伸采地气

第二式 两掌前伸对劳宫

二、动作图解

第一式　双手侧伸采地气

　　两手缓缓向体侧伸出，掌心朝下，掌暗含提劲。劳宫穴似有微微吹风感，两臂有明显沉浮感。吸气时，念想地阴之气从手心劳宫穴经臂内侧吸入下丹田，手心微有麻凉感；呼气时，念想气自下丹田循原路从手心排出，手心微有热胀感。（图1-1）

第二式　两掌前伸对劳宫

　　接上式，两掌向前合拢，间距与肩同宽，掌心相对，劳宫穴微有吸斥之感。吸气时，念想两掌间有一个圆形气球被拉长；呼气时念想此一拉长之气球还原，觉臂内有气流动。（图1-2）

图1-1

图1-2

第三式　十指相对肘外撑

接上式，缓缓屈肘在胸前撑抱，松臂撑肘。松臂则两臂圆活，日久有绵里藏针之功；撑肘时两肘外撑，指尖相对。吸气时，两臂外撑；呼气时，指尖靠近，觉臂内有气流动。两目微合。（图1-3）

第四式　两掌提压采地气

接上式，两掌内旋，下按至腹前，指尖相对。吸气时，念想地阴之气从掌心沿臂内侧吸入下丹田，掌心有麻凉之感；呼气时，念想气自下丹田循原路从掌心排出，掌心有热胀之感。一呼一吸过程之中，两掌有明显的连续上提下压之感。两目微合。（图1-4）

图 1-3

图 1-4

要点： 上述一至四式，训练过程中会出现麻凉、热胀、起伏、提压、震颤、内气流动鼓荡翻涌等感受，均是由手心劳宫气穴将大自然之天阳地阴之气采入体内而产生的种种反应，为上功、长功之真兆，采天阳地阴之气以助长体内功力，即孟子所言"万物皆备于我也"之意蕴。

第五式　右手立掌左勾提

1. 身体左转，随转体左手向身体左后侧伸，右掌外旋，掌心朝上，仍置于小腹前。目平视身体左后侧。（图1-5）

2. 上动不停，身体右转，随转体左手上提，若同翼状置于身体左上侧，右手不动，目视左掌。（图1-6）

3. 上动不停，身体继续右转返回正面，随转体左手变虎爪掌移至身体正前上方，右手不动。目视左掌。（图1-7）

4. 上动不停，左掌由虎爪掌变掌下落于小腹前，掌心朝上；身体右转，随转体右手向身体右后侧伸，手心朝下。目平视身体右后侧。（图1-8）

5. 上动不停，身体左转，随转体右手上提若同翼状置于身体右上侧，左手不动。目视右掌。（图1-9）

6. 上动不停，身体继续左转返回正面；随转体右手变虎爪掌移至身体正前上方，左手不动。目视右掌。（图1-10）

7. 上动不停，右手虎爪掌自身体正前上方下落至小腹前，成立掌，左手变虎爪掌自小腹前向上勾提至身体正前上方。目平视。（图1-11）

图 1-5

图 1-6

图 1-7

图 1-8

图 1-9

图 1-10

图 1-11

第六式　左右换步两边攻

1. 接上式，开右步，左手由虎爪掌变掌下按至体侧，右手由虎爪掌上提至身体右前方，目视右掌（图 1-12）。上提下按，均含暗劲。

2. 上动不停，上左步，右掌下按于体侧，左掌上提至身体左前方，目视左掌（图 1-13）。下按上提，均用暗劲。

3. 上动不停，上右步，左手立掌由身体右前方推出。右掌由身体右前下侧撑；目平视右前方（图 1-14）。上推下撑，均用暗劲。

4. 上动不停，上左步，左掌下按于身体左前下侧，右手立掌向身体前方推出；目平视身体左前方（图 1-15）。下按上推，均用暗劲。

图 1-12

图 1-13

图 1-14   图 1-15

第七式　双掌上插护头面

接上式，收右脚于左脚旁，两掌自身体左右两侧缓缓上提，向上直插，掌心向内，目平视正前方。（图 1-16）

要点：两掌上插，均用暗劲。

第八式　翻掌后插上拜佛

1. 脚不动，腰略右转，翻掌心朝后，自两腋窝向体后缓缓插下。（图 1-17）

2. 上动不停，腰腹左转返回正面，双手分抄于身体左右两侧，继而上举合掌成拜佛状。（图 1-18）

图 1-16   图 1-17   图 1-18

第九式 烈马问路左向行

左脚向身体左侧迈半步，身体下蹲成矮裆步，两掌向身体左侧伸出，掌心朝上，目平视。（图1-19）

第十式 马步左旋叶底花

接上式，右掌移至右胸前，翻掌，掌心朝下；左掌移至右腰前，掌心朝上，两掌上下相对成抱球状。（图1-20）

要点： 由此式身体右转即成内圈手式，故此式是由定桩转动桩的过渡式。

图1-19

图1-20

第二节 内圈手走圈

1. 虎爪式：接桩功过渡式（马步右旋叶底花），双手成环自内圈出，一步一手，顺逆成环。（图1-21、图1-22）

2. 手摇式：训练方法同虎爪式，唯手形由虎掌变拳。（图1-23、图1-24）

3. 鬼头式：走完内圈手，即变鬼头手。先习阳手，后习阴手。阳手自手背出，阴手自手下出。（图1-25、图1-26）

4. 踮踢式：以脚尖踏出，由前式衔接而来。（图1-27）

5. 骈踢式：以足外侧横向踢出。（图1-28）

6. 负重式：此式是在手摇式的基础上增加沙衣、绑腿，并结合鸳鸯环的训练。

因是负重训练，故名"负重式"。

　　沙衣、绑腿、鸳鸯环务必由轻到重逐渐增加，切勿操之过急，以身体能承受为限度。开始时可负10公斤重的沙衣，继而每个月加2公斤铁沙，10个月后加至30公斤。绑腿内盛铁沙，开始时可负5公斤重的绑腿，继而每个月加1公斤铁沙，5个月后加至10公斤。鸳鸯环每支0.5公斤，开始时用4对，继而每个月加1对。如果沙衣、绑腿、鸳鸯环的重量合计超过50公斤时，仍能保持走圈超过300圈，则内圈手基本告成。此功既要下苦功夫专练，又要讲究顺其自然，不可急于求成。功成之后，则体内浮躁之气尽去，取而代之的是浩然之内气。（图1—29、图1—30）

图1—21

图1—22

图1—23

图1—24

图 1-25

图 1-26

图 1-27

图 1-28

图 1-29

图 1-30

第三节 内圈手的三个修炼阶段

一、初级阶段

练习时，意想在泥水中行走，平起平落，或意想在齐腰深的水中走，水中杂草混杂，绕缠足踝，我缓缓行之，仔细体会阻力。拔脚如泥泞难脱，进退有阻。通过这些假想训练，以意导气，逐渐疏通下肢经络，稳定下盘，并提高下肢的抗击打能力。日久功深，能练就进步如犁翻地，把对方拔根抛出。训练一段时间后，对外界的感觉更敏感细腻，甚至能感觉到空气对腿的阻力。

二、中级阶段

走步要以身带步，拧腰转体，以脊领身，以身抽肋，以肋提胯，以胯催膝，以膝催足，要求意力相递。气沉丹田，肢体上下左右相合，成八面支撑身体，产生整体劲，则功夫达到上乘。

三、高级阶段

达到走而不走，不走而走，走也是练，不走也是练，意动神随，动如山崩，静如凝水，无招无势，遍体皆招。身如裹电，碰不得，摸不得。周身有眼，无从偷袭。这时，真气遍布周身，不但身如弹簧。而且周身仿佛到处有"眼睛"。此时，人体已经形成一个自然的感应体，这就是自然门功夫之绝。到此阶段是为高级阶段。

第二章　自然门拳法

第一节　自然门拳法动作名称

起势

一、并步抱拳

二、弓步冲拳

三、挑掌扣步冲拳

四、扣腿劈打

五、叉步架冲拳

六、虚步架打

七、震脚下冲拳

八、上步蹬腿

九、换跳步冲拳

十、虚步压肘

十一、马步架栽拳

十二、旋风脚

十三、马步双劈掌

十四、伏地前扫腿

十五、虚步插掌

十六、前蹬腿

十七、腾空飞脚

十八、提膝甩掌

十九、左右穿掌

二十、提膝转身

二十一、勾手挑掌弧形步

二十二、仆步架冲拳

二十三、歇步双压打

二十四、弓步双冲拳

二十五、弓步按掌冲拳

二十六、劈掌捆扫

二十七、虚步架冲拳

二十八、扣腿劈打

二十九、并步震脚冲拳

三十、外摆腿

三十一、虚步压打

三十二、转身左右穿掌

三十三、上步挑拳踢腿

自然门拳法

第二节　自然门拳法动作图解

起势

两腿伸直，两脚并拢，两臂自然垂于身体两侧，两手五指并拢紧贴腿侧；面向正南。（图 2-1）

要点：头要端正，下颌内收，眼向前平视，挺胸，直腰，松肩，两臂自然下垂，精神贯注，呼吸均匀，神态安然。

图 2-1

一、并步抱拳

1. 右脚向右后方撤一步，屈膝半蹲成虚步；随体右转，两手交叉（右上左下）放至右腰侧，同时体左转，两手由腰间向前推出，高与胸平，眼看前方。（图2-2）

2. 左脚再向前上半步，全脚掌着地，屈膝半蹲成左弓步；上动不停，右脚前上一步，左脚向右脚内侧靠拢成并步直立；同时两掌经前向两侧向下画弧变拳屈肘收到两腰侧，拳心向上；眼看左前方。（图2-3）

要点： 整个动作必须连贯协调，不可停顿；身体要随着撤步和虚步而转动；并步与抱拳须同时完成。

图2-2

图2-3

二、弓步冲拳

身体左转90°，左脚向前（方向正东）上一步，屈膝半蹲成右弓步；同时左拳从腰间向前冲出，拳眼朝上，略高于肩；眼看前方。（图2-4）

技击应用：当左侧发现对手时，我立即左转上左步冲左拳，攻击对方胸部、头部；若左拳被挡，可迅速发右拳再攻。上步与冲拳须同时快速，冲拳时左肩要前送，加大距离以利攻敌。

图 2-4

三、挑掌扣步冲拳

1. 右脚前上一步；同时右拳变掌沿着左臂下面向前上挑起，微屈肘，使拇指一侧朝上，高与肩平；左拳屈肘收到左腰间（拳心朝上）；眼看右掌。（图 2-5）

2. 右腿屈膝半蹲，左腿屈膝以脚面扣于右膝窝，成扣腿平衡，同时右掌变拳屈肘收至右腰间（拳心朝上），左拳从腰间向前冲出（拳心朝下，高与胸平）；眼看左拳。（图 2-6）

技击应用：防守时可用右掌挑开对方的正面攻势，迅速出左拳攻击对方胸腹部。也可用右掌挑击对方下颌处，再用左拳连续进攻。挑打动作连贯、快速；冲拳与扣腿同时完成。

图 2-5

图 2-6

四、扣腿劈打

1.左脚向前落步，右腿屈膝以脚面扣于左膝窝；同时，右拳变掌向前劈掌，微屈肘，使拇指一侧斜朝上；左拳屈肘收至左腰间（拳心朝上）；眼看右掌。（图2-7）

2.右脚向前落步，屈膝半蹲，左腿屈膝以脚面扣于右膝窝成扣腿平衡；同时左拳由腰间向前冲出（拳眼朝上）；右掌变拳，屈肘收至右腰间（拳眼朝上）；眼看左拳。（图2-8）

技击应用：对方向我正面攻拳时，我立即上步用右掌劈开其攻势，再上步神速出左拳反击对方胸腹部。右劈掌时要以肩为轴放松抡臂，扣腿与劈掌、扣腿与冲拳须同时完成，协调一致。

图 2-7

图 2-8

五、叉步架冲拳

1.上体正直，左脚向前落步，左腿稍屈膝；右脚向左脚后插步；同时右拳变掌，手臂内旋，沿左臂下面向上屈肘，横架于头部左上方（掌心斜朝上），左拳变掌，屈肘按于右肩前；眼看左前方。（图2-9）

2.上动不停，右掌变拳，屈肘后拉，横架于头部右上方，拳心斜朝上；左掌变拳（鬼头指）再向左前方冲击（拳心朝前，高与头平）；眼看左拳。（图2-10）

技击应用：当对方离我较远时，我立即偷步侧身靠近对方，迅速出左拳攻击其头部；并用右拳上架，以防后面被敌攻击头部。侧身既有利于进攻也减少受敌面。上下动作要协调配合，整个动作须迅速连贯。

图 2-9

图 2-10

六、虚步架打

1. 上体向右后转 180°，面向正北，重心移至右脚，右腿屈膝半蹲，左脚前上半步，脚尖虚点地面成左虚步；同时右拳变掌向左再向右平搂，屈肘横架于头部前上方（掌心斜朝上），左拳内旋屈肘收至左肩前（拳心朝外）；眼看左前方。（图 2-11）

2. 左拳（鬼头指）向左前方探冲击出（拳心朝外，高与头平），同时右掌变拳屈肘后拉架于头部右上方（拳心斜朝上）；眼看左拳。（图 2-12）

图 2-11

图 2-12

技击应用：紧接上动，当对方用右拳攻击我头部时，我立即右转身用右手搂开其攻势，迅速出左拳点击其右肋处。整个动作必须迅速连贯，虚步与冲拳要同时完成。

七、震脚下冲拳

1.重心移至左脚；同时左拳变掌从上往下抓握右肩膀，右拳直臂向前再向下然后向后弧形抡臂，拳心朝右；眼看右方。（图2-13）

2.上动不停，右脚收回在左脚内侧震脚，并步屈膝成半蹲。同时，右拳继续向上抡臂至上举，屈肘经耳旁沿大腿外侧向下直臂冲拳，拳心朝后；眼看右方。（图2-14）

技击应用：当对方用左掌抓握我右肩时，我立即用左手把对方手紧按于肩上，迅速右抡臂向下猛压对方肘关节，使其向前倾跌，同时右震脚猛踩其脚面。整个动作须迅速连贯，上下进攻须协调配合，同时完成。

图2-13

图2-14

八、上步蹬腿

1.身体右转90°，右脚前上一步成右弓步（方向朝正东）；同时右拳变掌摆至左侧，同左掌一起向前平搂抓握。（图2-15）

2.右腿站立，左腿屈膝提起，脚尖勾起向前上方蹬出，高与肩平；同时双掌拍击左脚内侧，眼看左脚。（图2-16）

技击应用：可用双手向右搂开对方攻来的拳掌，并立即右转身，迅速用左脚蹬击对方胸腹部。整个动作须连贯，防守与进攻配合要协调、紧凑、快速有力。

图 2-15

图 2-16

九、换跳步冲拳

1. 左脚向前落步，蹬地跳起腾空，两腿在空中交换；同时右掌先向右前方再向后弧形环绕，然后变拳屈肘收至右腰侧（拳心朝上），左掌向下再向后、向上抡臂向右肩前下按；眼看前方。（图 2-17）

2. 两脚同时落地，右脚在前成右弓步；同时右拳从腰间经左掌上面向前冲出，拳心朝上，高与眼平；眼看右拳。（图 2-18）

图 2-17

图 2-18

技击应用：当对方用脚向我脚下进攻时，我立即蹬地跳起，避其攻势，快速出右拳攻击对方下颌或脸部。防守与进攻动作须协调配合，快速有力。落步与冲拳须同时完成。

十、虚步压肘

1. 上体左转90°（方向朝北），左腿屈膝半蹲，右脚略收回，脚尖点地成右虚步；同时，右臂屈肘向前下压至胸前，肘尖朝前，左拳变掌抓握右手腕，眼看右肘尖。（图2-19）

2. 下肢不动，右拳以右肘为轴向前摔打，力达拳背，高与头平，左掌附于左肋处；眼看右拳。（图2-20）

技击应用：紧接上动，当我右腕被对方左手抓住时，我立即用左手紧按对方左腕，迅速左转身压肘，使其倾跌，并快速出右拳猛击其脸部。防守与进攻动作须协调配合，快速有力；虚步与压肘须同时完成。

图2-19

图2-20

十一、马步架栽拳

1. 重心移至右脚，左脚向前上一步，脚尖内扣，体向右后转180°，方向正南，两脚大开立；同时右拳先向下再向右弧形绕行，左掌变拳向头部左上方举起，两拳心均朝前；眼看前方。（图2-21）

2. 上动不停，两腿屈膝半蹲成马步；同时右拳臂内旋屈肘上架于头部右上方（拳心斜朝上），左拳经耳旁向下栽拳（拳眼朝里）；眼看左方。（图2-22）

图 2-21

图 2-22

技击应用：当对方挥拳攻击我面部时，我迅速用右拳上架，同时用左拳下攻其裆部。

十二、旋风脚

1. 右拳从上向前下绕行，左拳屈肘收至与肩平，右脚蹬地，左脚屈膝提起；同时上身左翻转。（图 2-23）

2. 上动不停，左腿向后摆起，上身继续从左向后、向上翻转，身体腾空。在空中上身继续向左旋转，同时右脚从右向上、向左上里合横摆，至额前时左拳变掌迎击右脚掌。（图 2-24、图 2-25）

图 2-23

图 2-24

图 2-25

技击应用：当对方用拳掌向我右后侧攻来时，我不闪躲和招架，迅速用旋风脚以攻对攻猛击对手，整个动作要紧凑有力，腾空要高，击拍要响亮。头要上顶，上体稍前倾，提气立腰。

十三、马步双劈掌

左脚落步，随即右脚在体右侧落步，两腿屈膝半蹲成马步（方向朝正南）；同时两臂交叉向上举起，直臂向两侧弧形分摆成侧立掌；眼看右方。（图 2-26）

技击应用：防守时可用两手向上向外挑开对方正面攻来的拳掌；若要进攻，可立即起脚猛踢对方膝盖或裆部。马步与劈掌须同时完成。

图 2-26

十四、伏地前扫腿

1. 右腿屈膝全蹲，左腿向左伸直平铺，全脚掌贴地成左仆步；同时上体右转前探并向右脚处伏地，两手掌随即在身前按于地面；眼看前下方。（图 2-27）

2. 上动不停，以左脚前掌为轴碾地；右脚掌贴地直腿向前迅速扫转一周；眼看右下方。（图 2-28）

技击应用：当对方多人向我上部进攻时，我立即下蹲伏地避开其攻势，迅速扫腿反击对方，使其倾跌。防守与进攻动作须协调配合，快速有力。整个动作须连贯做才有惯性。扫腿须以腕关节为轴，用力带动全脚掌迅速前扫。要挺胸直腰，扫腿脚要全掌着地。

图 2-27　　　　　　　　　　　　　　图 2-28

十五、虚步插掌

1. 重心移至右脚，右腿直立，左脚屈膝提起，脚面绷平，脚尖向下（方向朝正面）；两掌胸前交叉（掌心朝内，右掌在前）。紧接着右掌屈肘拉回，横架于头部右则，左掌向前穿出，高与眼平，两掌心均朝下；眼看左掌。（图 2-29）

2. 右腿屈膝半蹲，左脚尖点地成左虚步；同时左掌收回，两掌胸前交叉向前下方插出，两掌心均朝外（两虎口朝上，掌指朝前），高与腹平；眼看两掌。（图 2-30）

技击应用：用右掌架开对方正面攻来的拳掌，立即穿左掌提左膝猛击对方脸部或裆部；若对方再用脚踢来，我即迅速下蹲用双插掌压住对方脚的攻势。防守与进攻动作须协调配合，快速、有力、连贯。

图 2-29　　　　　　　　　　　　　　图 2-30

十六、前蹬腿

1.右脚蹬地站起，重心移至左脚，紧接着右脚在左脚跟后侧震脚，左脚向前踢起；同时两臂上举，向两侧分掌摆臂，掌心斜向外；眼看前方。（图2-31）

2.左脚落地，右膝提起，脚尖上勾向前上方蹬出；眼看右脚。（图2-32）

技击应用：用双掌上架挡住对方向我头部攻来的拳掌，迅速前蹬腿猛击对方心窝。震脚要突然、有力，攻防要同时完成。

图2-31

图2-32

十七、腾空飞脚

1.右脚前落步，重心随之前移，同时右掌先向右，再向后弧形摆臂，左掌向前伸臂；眼看前方。（图2-33）

2.左掌继续向下、向前、向上屈肘摆起，左掌在头部上方迎击右手背；同时，左脚向前摆起，右脚随即蹬地起跳，身体腾空。（图2-34）

3.在空中，右脚脚背绷直向前踢起，右掌在额前迎击右脚背，左掌变勾手直臂平摆至左侧上方，勾尖朝下；眼看前方（方向正西）。（图2-35）

技击应用：用双掌护头挡开对方正面攻来的拳掌，并立即腾空弹踢猛击敌下颌或心窝等处。防守与进攻须快速有力，同时完成。腾空要高，击拍要响。

图 2-33　　　　　　　　图 2-34　　　　　　　　图 2-35

十八、提膝甩掌

1. 左脚落地，随即右脚向前落步，重心前移，左脚跟提起；同时，右掌屈肘收至右腰侧，掌心朝上，左勾手变掌向前按掌，掌心朝下，高与肩平；眼看前方。（图 2-36）

2. 上动不停，左腿屈膝提起，脚面绷平，脚尖向下；左掌继续向右肩外侧屈肘下按，停于右腋下（掌心朝下，掌指朝里），同时右掌从右腰侧屈肘上提，经脸前向右前上方甩出（掌心斜朝上，稍高于头）；眼看右掌。（图 2-37）

技击应用：用左掌向下按住对方正面攻来的拳掌，并立即用右掌向前上方猛甩，攻击其鼻脸。防守与进攻须协调连贯，快速有力；提膝与甩掌要同时完成。

图 2-36　　　　　　　　　　　　图 2-37

十九、左右穿掌

1.左脚向右前方落步成左弓步（方向朝西南）；同时右掌臂内旋屈肘下按，收至右胁处（掌心朝下，掌指朝后），同时左臂外旋，经右臂上面向前上方穿出（掌心斜朝上，高与眼平）；眼看左掌。（图2-38）

2.下肢不动；左掌屈肘收至右肩前（掌心朝上），同时右掌沿左掌上面向前穿出（掌心斜朝上，高与眼平）；眼看右掌。（图2-39）

技击应用：当对方朝我胸部攻拳时，我立即用右掌下按其进攻拳，紧接着上步朝其脸部连续穿击两掌。穿掌要求快速、连贯，上身要配合以吞吐伸缩的身法。

图2-38

图2-39

二十、提膝转身

1.下肢不动，左掌沿右掌心上面向前穿出，掌心斜朝上，高与眼平；同时，右掌屈肘收至右胁处；眼看左掌。（图2-40）

2.上动不停，右脚屈膝提起，脚尖朝下，左脚以前脚掌为轴碾地，上体向右后转180°；同时，左掌向上、向前、向下拍击右脚面，右掌从左腋下穿出，掌心朝上；上体稍前倾，眼看前下方。（图2-41）

3.上体继续右转45°，右脚向前落步（方向东南），两膝略屈；同时，右掌向下、向前弧形直臂挑出，左掌向后摆臂至体侧成勾手（勾尖朝上）；眼看右掌。（图2-42）

图 2-40

图 2-41

图 2-42

技击应用：当对方从我右侧攻拳并踩腿时，我迅速右转身，用左掌向下拨开其攻拳，同时，提右膝避其踩腿。随即立刻向前用右手下撩其裆部。要求转体、提膝、摆臂动作快速连贯，协调配合。左掌拍击右脚背时声音要响亮。

二十一、勾手挑掌弧形步

1. 上肢不动；左脚以膝关节为轴向后撩起，而后向前落步，接着右脚也以膝关节为轴向后撩起；眼看左前方。（图 2-43）

2. 同上动作，连续向东北方向沿弧线行走三步。第四步右脚落地，屈膝下蹲，左脚在右脚内侧脚尖点地成左丁步；同时，右臂内旋亮掌；上体稍左转，眼看左前方（正西方向）。（图 2-44）

3. 上肢不动；右脚蹬地站立，上体稍向右倾斜，同时，左脚屈膝提起，向左前方（正西方向）踹出，高与腰平；眼看左脚。（图 2-45）

技击应用：当对方从我背后攻来时，我佯败前走，以前脚掌扒地后撩（意即把地上尘土扬起，模糊对方视觉），而后突然停步转身，提膝踹其腰部。要求走弧线，步法轻巧灵快，后脚在向前迈步之前要向后撩起，下肢保持半蹲状态。侧踹时须挺胸、抬头。

图 2-43

图 2-44

图 2-45

二十二、仆步架冲拳

1. 左脚向左侧落步，重心左移，随即左脚蹬地腾空，右脚向前跃步（方向正西）；同时，左勾手变掌，掌心朝后；右掌向前穿出，虎口张开，掌心朝外，拇指朝下；眼看前方。（图 2-46）

2. 右脚与左脚先后向前落步，右腿屈膝全蹲，左腿平铺伸直成左仆步；同时，右掌变拳屈肘拉回横架于头部右上方（拳心斜朝上），左掌变拳向左前上方冲出（拳眼朝上，高与头平）；眼看左拳。（图 2-47）

技击应用：接前端腿动作，若对方向后撤退，我立即向前跃步，用右拳上架护头，用左拳攻击对方肋部。动作快速、连贯，跃步要高，落地要远，仆步和架冲拳动作要同时完成。

图 2-46   图 2-47

二十三、歇步双压打

1.右脚蹬地站立，以右脚前掌为轴碾地，上体左后转135°，左腿稍屈膝提起，右拳变掌下降至体右侧（掌心朝上），左拳变掌屈肘收至右胸前（掌心朝前）；眼看前方（正西方向）。（图 2-48）

2.上动不停，上体继续左转45°，左脚前落步。脚尖外撇，两腿屈膝全蹲成左歇步；与此同时，两掌随身体左转，从右向左平搂抓握，变拳后拉，并下压于体前（左拳心朝下，右拳心朝内）；眼看右前方。（图 2-49）

技击应用：当对方向我攻拳时，我用左手抓握其手腕，用右手抓握其肘部，猛往下拉。要求动作连贯、协调，不能停顿；歇步与抓握后拉动作要同时完成。

图 2-48   图 2-49

二十四、弓步双冲拳

右脚向前方（正西方向）上一步成右弓步；同时，两拳屈肘上提经耳旁分别向前后冲出，拳心朝下，高与肩平；眼看右拳。（图2-50）

技击应用：接前一动作，当对方摆脱我后退时，我即刻上步击其胸部。两拳要同时经耳旁向前后冲出；弓步与冲拳动作要协调一致，同时完成。

图 2-50

二十五、弓步按掌冲拳

1. 右脚提起收回在左脚前震脚，随即上体向右转体90°（方向朝正西），左脚稍屈膝提起，紧贴右腿内侧；同时，右拳变掌以肘关节为轴，向左、向上、向前按掌（掌心朝下），左拳变掌屈肘收回附于右肘处（掌心朝右）；眼看前方。（图2-51）

2. 上动不停，体右转90°，左脚上一步，屈膝半蹲成左弓步（方向朝正西）；同时，左掌向下、向左、向前画弧扣腕按掌（掌心朝下），右掌变拳屈肘收至右腰间（拳心朝上）；眼看前方。（图2-52）

3. 紧接着，右拳沿左掌上面向前冲出（拳眼朝上，高与肩平），左掌屈肘收回右腋下（掌心朝下）；眼看前方。（图2-53）

技击应用：用右掌拨按对方的攻拳，同时，用右脚猛跺其前脚面；当对方后退时，我立刻上步用左掌封压其手臂，速出右拳击其胸腹部。以上三个动作须连贯、协调、快速。震脚要用全脚掌着地，声音要响亮，弓步与冲拳要同时完成。

图 2-51

图 2-52

图 2-53

二十六、劈掌捆扫

1. 左脚脚尖外撇，重心前移，右脚屈膝离地，脚尖上翘；同时，右拳变掌屈肘上举（掌心朝前），左掌沿右臂下面上移，两掌在头前上方交叉，随即两掌向两侧分开至侧上举；眼看前下方。（图 2-54）

2. 身体稍左转（朝向西南），右脚脚尖内扣，向左侧方勾扫；同时，右掌变拳向左前下方劈拳；左掌收回在腹前迎击右劈拳，眼看右脚。（图 2-55）

技击应用：当对方朝我面部攻拳时，我两手交叉上举架开其攻拳，迅速用右脚捆扫其前脚，同时，用右掌猛劈其腰腹部。要求动作协调一致，勾扫与劈拳要同时完成。左掌迎击右劈拳时，声音要响亮。

图 2-54

图 2-55

二十七、虚步架冲拳

右脚向前进半步，全脚掌着地，稍屈膝，随即左脚跟上半步，屈膝半蹲，重心偏在左脚（成三体式）。同时，上体稍右转，右掌变拳，手臂内旋屈肘翻架于头部右上方（拳心斜朝上），左掌变拳向前（正西）冲出（拳眼朝上）；眼看左拳。（图 2-56）

技击应用：当对方朝我面部进拳攻击时，我立刻用右拳上架，同时出左拳攻其胸部。上步与架冲拳动作同时完成，下肢步型须裹裆，两脚尖内扣，冲拳时要拧腰、顺肩。

图 2-56

二十八、扣腿劈打

1.右脚提膝，脚尖离地面约20厘米，上体左转，稍前倾；同时，右拳从头部右上方向前下斜劈拳（拳眼斜朝上），左拳变掌屈肘收回附于右肩前（掌心朝下）。（图2-57）

2.右脚向前落步，屈膝半蹲，上体右转90°，左脚屈膝以脚面扣于右膝后侧成扣腿平衡；同时，左掌变拳沿着右手臂上面向前下压打（拳心朝下），右拳屈肘收至右腰间（拳心朝上）；眼看左拳。（图2-58）

技击应用：对方向我正面攻拳时，我立即用右拳劈开其攻势，再上步快速出左拳反击对方胸腹部。扣腿与压打动作要同时完成，扣腿平衡时上体须挺胸、立腰。

图 2-57

图 2-58

二十九、并步震脚冲拳

左脚向前上一步，随之右脚跟上，在左脚内侧并步震脚，两腿屈膝半蹲，上体稍前倾；同时，右拳微屈肘向前（正西）冲出（拳眼朝上，高与胸平），左拳变掌屈肘收回附于右臂；眼看前方。（图2-59）

技击应用：紧接前一动作，我立刻上步击敌腹部。要求并步、震脚、冲拳三动作要同时完成。

图 2-59

三十、外摆腿

1.左脚蹬地站立，右脚经脸前向外摆腿；同时，右拳变掌（掌背向外）拍击右脚掌内侧，左掌变拳收至左腰间；拳心朝上。（图 2-60）

2.上体随外摆腿右转，右脚向右前方（东北方向）落步，屈膝半蹲成右弓步；同时，右掌变拳，臂内旋，屈肘拉回横架于头部右前方（拳眼朝下），左拳由腰间向前（西北）冲击（拳心朝下，高与头平）；眼看左拳。（图 2-61）

技击要领：当对方从我右侧攻拳时，我迅速右转身用外摆腿击其头部。若对方低头躲过我外摆腿，我则顺势出左拳击其胸部，同时，用右拳保护头部。右掌背击拍右脚时，声音要响亮，弓步与架冲拳动作要同时完成。

图 2-60

图 2-61

三十一、虚步压打

上体右转，左脚向右前上步（方向朝东北），脚尖点地成左虚步；同时，左拳向下而内屈肘上提，经脸前向前上方摔压（拳心斜朝上，高与鼻平），右拳屈肘收至右腰间（拳心朝上）；眼看左拳。（图2-62）

技击要领：当对方从我右侧挥拳攻来时，我迅速右转身，用左前臂摔压其攻拳，同时以拳背扣击其脸部。虚步与摔压动作要同时完成，摔压须以肘关节为轴，快速，有力。

图2-62

三十二、转身左右穿掌

1.右腿稍立起，上体稍右转，左脚向右脚盖步；右脚屈膝提起紧贴左腿内侧，同时，左拳变掌屈肘收回按于右肩前（掌心朝下），右拳变掌向左腋下穿出（掌心朝心）；眼看右前方。（图2-63）

2.上体继续右转，右脚向前一步（方向朝正南），屈膝半蹲成右弓步；同时，右掌随身体右转向前、向右直臂拦推；眼看右拳。（图2-64）

3.右脚屈膝提起，以左脚前掌为轴，身体向右后转225°（方向朝东北），随即右脚向前落步，屈膝半蹲成右弓步，同时，右掌屈肘内收，随身体右后转经右腋下向前穿出（掌心朝上，高与肩平），左掌屈肘按于右肩前（掌心朝下）；眼看右掌。（图2-65、图2-66）

4.左脚向前一步成左弓步，同时左掌沿着右手心上面向前穿出（掌心朝上，高与肩平），右掌屈肘收至左肘处（掌心朝上）；眼看左掌。（图2-67）

5.左腿屈膝提起，上体稍右转。同时，左掌向右、向前、向下、向后弧形摆至后举成勾手（勾尖朝上），右掌向下而前直臂挑起（方向朝东南）；眼看前方。（图2-68）

6.上肢不动；左脚向前落步，随即重心前移，两腿稍屈膝，右脚脚跟稍提起，准备上步；眼看前方。（图2-69）

图 2-63

图 2-64

图 2-65

图 2-66

图 2-67

图 2-68

图 2-69

技击应用：此法用于遭到众多对手围攻时。当我身后遇敌时，我即刻向右后转身，右臂向外平摆，将敌打倒；若身后又遇敌时，我快速向右转身，朝其脸部连续穿出两掌。当敌从正面朝我下部一脚踢来时，我迅速提膝右转，用左臂向下勾拨其脚，同时，用右掌向另一敌裆部撩击。以上动作必须连贯、协调，不可停顿。转身穿掌时，身法要圆活，上体须用前俯后仰的身法。

三十三、上步挑拳踢腿

1. 右脚前上一步，重心前移；左脚屈膝，脚跟提起；同时，左勾手变拳经腰间向上挑起（拳眼朝内，高与鼻平），右掌变拳屈肘收至右腰间（拳心朝上）；眼看左拳。（图2-70）

2. 上动不停，重心前移，左脚脚面绷直向前上方踢出；同时，左拳屈肘收至左腰间（拳心朝上），右拳向前上方冲出（拳眼斜朝上）；眼看右脚尖。（图2-71）

技击应用：当对方朝我胸部进拳攻击时，我立即用左拳挑开其攻拳，紧接着提起右脚猛踢其胸部，同时，速出右拳击其脸部。踢腿时上体稍前俯，小腿要有弹性，动作快速有力，并与冲拳同时完成。

图2-70

图2-71

三十四、叉步架冲拳

左脚向前落步，略屈膝，上体稍右转，右脚向左脚后插步；同时，右拳臂内旋屈肘拉回横架于头部右前方（拳眼朝下），左拳向左前方冲出（方向东南，拳眼朝上，高与头平）；眼看左拳。（图2-72）

技击应用：用右拳架开对方的攻拳，同时用左拳击其胸部。插步与架冲拳要同时完成，冲拳时要充分拧腰顺肩。

三十五、右转拍脚震脚

1.重心移至左脚，以左脚前脚掌为轴碾地，身体向右后转180°；同时，右脚屈膝，小腿外摆，绷脚尖，右拳变掌拍击右脚后跟外侧，左拳屈肘收回右胸前，拳心朝下；眼看右脚。（图2-73）

2.上体继续向右后转180°（方向正西），右脚向前落步震脚；左腿略提膝；同时，右掌变拳从下向前直臂格出（拳心朝上），眼看前方。（图2-74）

技击应用：当对方从我左侧攻来时，我快速右转身，用右脚后跟撩踢其裆部。当我背后又遇敌时，我再次右转身，用右脚猛踩其前脚面；同时，用右前臂格挡开其攻拳。要求动作快速连贯，转体拍脚要快、响亮，上步震脚与格打动作要同时完成。

图2-72　　　　　　图2-73　　　　　　图2-74

三十六、弓、马步冲拳

1.左脚向前落步，屈膝半蹲成左弓步；同时，左拳从腰间向前（正西）冲出（拳眼朝上，高与肩平），右拳屈肘收至右腰间（拳心朝上）；眼看前方。（图2-75）

2.下肢不动，左拳屈肘收至左腰间（拳心朝上），右拳从腰间向前冲出（拳眼朝上，高与肩平）；眼看前方。（图2-76）

3.体右转90°，重心后移，两腿屈膝半蹲成马步；同时，右拳手臂内旋屈肘向右平拉至右胸前（拳眼朝下，高与肩平），左拳从腰间向左前方（正面）冲出（拳心朝下，高与肩平）；眼看左前方。（图2-77）

图 2-75

图 2-76

图 2-77

技击应用：接上一个动作，我用右拳格挡开对方攻拳后，迅速上步连续打出三拳，前两拳击其胸，第三拳击其腹部。冲拳时要拧腰顺肩。左拳拉回时要用力，像拉弓一样。

三十七、扣腿前插掌

1. 重心移至左脚，屈膝半蹲，右脚屈膝以脚背扣于左膝后侧成扣腿平衡，上体向左后转180°；同时，两拳变掌，右掌向前下方直臂插出（方向正西，高与腰平），左掌屈肘收回附于右肩前（掌心朝下）；眼看右掌。（图2-78）

2. 右脚向前落步略下蹲；左脚屈膝以脚面扣于右膝后侧成扣腿平衡；同时，体向右后转180°，左掌顺右臂内侧向前插出（方向正西，高与肩平），右掌变拳屈肘收至右腰间（拳心朝上）；眼看左掌。（图2-79）

3. 重复图2-78、图2-79动作。

技击应用：紧接上一个动作，当敌后退时，我乘势用掌插其腹部、胸部。要求插掌时，两掌须对擦和击响，身体随之左右转动，手脚配合要协调。

图2-78

图2-79

三十八、并步震脚冲拳

左脚向前落步，随之右脚向左脚并步震脚，两腿屈膝半蹲；同时，右拳向前冲出（拳眼朝上，高与胸平），左拳变掌屈肘收回附于右臂处（掌心朝下）；眼看前方。（图2-80）

技击应用：紧接上一个动作，当敌后退时，我迅速上步击其腹部。并步震脚和冲拳动作要同时完成；半蹲时，上体不可太前俯，须挺胸、立腰。

图 2-80

三十九、转身抡劈拳

1.上体向右后转90°，右脚向右前方迈出一步（方向正东）；同时，右臂屈肘上提经脸前向前摔压（拳心朝内，拳眼斜朝上，高与肩平，肘微屈），左掌变拳屈肘收至左腰间（拳心朝上）；眼看右前方。（图 2-81）

2.上动不停，体向右后转180°，左脚向前上一步，脚尖内扣；同时，左拳从腰间向后、向上、向前弧形抡臂劈拳（肘微屈，拳眼斜朝上，高与肩平），右拳屈肘收至右腰间（拳心朝上）；眼始终注视前进方向。（图 2-82）

3.重复图 2-81、图 2-82 动作。

图 2-81

图 2-82

技击应用：当对方向我背部攻拳或踢腿时，我立即右转身，用右拳摔压其拳或腿，快速用左拳劈打其颈部。转身劈拳时，要以肩关节为轴，动作放松、快速、连贯。上体须立腰，不可左右摇晃。

四十、前踢腿

1.左腿屈膝半蹲成左弓步；同时，右拳从腰间向前冲出（方向正东，拳眼朝上，高与肩平），左臂屈肘，左拳收至左腰间（拳心朝上）；眼看前方。（图2-83）

2.左腿稍屈膝立起，右腿屈膝提起，脚面绷直向前上方踢去，高与胸平；同时，左拳由腰间向前冲出（拳眼朝上，高与肩平），右臂屈肘，右拳收至右腰间（拳心朝上）；眼看右脚尖。（图2-84）

3.右脚收回在身后落步，左脚屈膝半蹲成左弓步；同时，右拳从腰间向前冲出（拳眼朝上，高与肩平），左拳屈肘收至左腰间（拳心朝上）；眼看前方。（图2-85）

4.重心右移，上体右转90°，两腿屈膝半蹲成马步；同时，左拳从腰间向左侧冲出（拳心朝下，高与肩平），右拳屈肘并向右侧平拉于右肩前；眼看左方。（图2-86）

技击应用：紧接上一个动作，我出右拳击敌脸部，而后快速提右脚踢其胸部，再连续两拳击其胸腹部。以上动作须连贯、协调，踢腿时，上体稍前俯，小腿要有弹性，快速、有力。弓步与冲拳要同时完成。

图2-83

图2-84

图 2-85   图 2-86

四十一、劈掌捆扫

1.上体左转 90°，左脚脚尖外撇站立；右腿稍屈膝提起，脚尖点地：同时，两拳变掌先向上，再向两侧弧形摆臂（两掌心斜朝下）；眼看前下方。（图 2-87）

2.上体继续稍左转，右脚向左前方擦地勾扫；同时，右掌向左下方劈至腹前；左掌在腹前迎击右掌；眼看两掌。（图 2-88）

图 2-87   图 2-88

四十二、提膝上冲拳

1. 右脚向前进半步（方向正东），脚尖外撇，重心前移，稍屈膝半蹲，左脚随即前上一步，左腿稍屈膝；同时，右掌手腕内扣，从下向上、向前、向下屈臂弧形按掌；左掌屈肘收于左胸前；上体稍前俯，眼看前方。（图2-89）

2. 下肢不动，上体右转90°；左掌手腕内扣，左臂向前屈肘按掌；同时，右臂屈肘，右掌收至右腰间（掌心朝上）；上体稍前俯，眼看前方。（图2-90）

图 2-89

图 2-90

3. 重心前移，右腿屈膝提起，脚面绷平向前上方踢去；同时，右掌向前击拍右脚面，左臂屈肘，左掌收至左腰间（掌心朝上）；眼看右脚。（图2-91）

4. 右脚向前落步，重心前移；同时，左臂内旋向前伸臂，掌心朝前，拇指朝下，右掌变拳收至右腰间（拳心朝上）；眼看左掌。（图2-92）

5. 上体左转90°，右腿直立，左腿提膝至腹前，脚尖朝下；同时，左掌抓握拉回至右腋窝处（拳心斜朝下），右掌变拳，经左臂上面向右前上方直臂冲出（拳心斜朝上）；眼看右拳。（图2-93）

技击应用：当对方从正面向我攻拳或踢腿时，我立即用掌连续按压对方的拳或腿，而后快速起腿撩踢其裆部，再上步用左手抓住其手臂后拉，同时，速出右掌攻其下颌。以上动作要快速、连贯，一气呵成。连续向前按掌时，肩要放松，体现出吞吐的身法，拍脚要快速，声音要响亮，提膝上冲拳时上体稍向左倾。

图 2-91　　　　　　　　图 2-92　　　　　　　　图 2-93

四十三、虚步劈拳

　　右脚蹬地跳起，身体向左后转 180°，左脚落地屈膝半蹲，紧接着右脚在左脚前落地，脚尖点地成仆步（或虚步）。在跳起转体的同时，左拳向上、向前、向下弧形抢臂至右膝前（拳眼斜朝上，方向正西）；眼看右拳。（图 2-94）

　　技击应用：当对方从我左侧一脚踢来时，我速左转身，用右拳劈打其脚背。翻身、抢臂的速度要快，上体不可摇晃。

图 2-94

四十四、弓步双冲拳

1.左脚站立，右腿提膝，脚尖朝下，膝盖朝右前方（正西方向）；同时，两拳屈肘上提于两耳旁（拳心相对）；眼看右前方。（图2-95）

2.右脚向右前方落步，屈膝半蹲成右弓步；同时，两拳分别向前后冲击，拳心朝下，高与肩平；眼看右拳。（图2-96）

技击应用：紧接上一个动作，若敌后退，我立即向前用右拳猛击其胸部。前后冲拳与弓步要同时完成。

图2-95　　　　　　　　　　　　　　图2-96

四十五、弓步按掌冲拳

动作方法与技击应用同动作二十五弓步按掌冲拳。（图2-97~图2-99）

四十六、劈掌捆扫

动作方法与技击应用同动作二十六劈掌捆扫。（图2-100、图2-101）

四十七、虚步架冲拳

动作方法与技击应用同动作二十七虚步架冲拳。（图2-102）

图 2-97

图 2-98

图 2-99

图 2-100

图 2-101

图 2-102

四十八、弓步冲拳

1.下肢不动，体稍左转；右拳从上向前下劈打，同时，左拳屈肘收至左腰间，拳心朝上；眼看右拳。（图2-103）

2.左脚前上一步，屈膝半蹲成左弓步；同时，左拳从腰间向前冲击（拳心朝上，高与鼻平），右拳屈肘收至右腰间（拳心朝上）；眼看左拳。（图2-104）

技击应用：当对方用腿朝我胸部踢来时，我迅速用右拳盖打其腿，紧接着上步用左拳猛击其下颌。上步冲拳时须拧腰、顺肩。

图2-103

图2-104

四十九、叉步双拐手

1.右脚上前一步，脚尖内扣；同时，左拳变掌屈肘收回，手臂内旋向外搂手，掌心朝外，眼看前方。（图2-105）

2.上体左转，左脚向右脚后插步，右腿稍屈膝；同时，右拳变掌向前穿出，掌心朝上。随即两掌分别抓握成拳向左平拉至胸前，右拳心朝内，左拳心朝下；眼看右前方（正西方向）。（图2-106）

技击应用：当对方向我一拳攻来时，我快速用左手抓住其手腕，用右手抓住其肘部，向后猛拉，使敌前跌。插步和抓握后拉动作要同时完成。

图 2-105

图 2-106

五十、勾手亮掌后踢腿

1.下肢不动；两拳变掌，左掌向下、向左、向上弧形摆臂，在头部左上方亮掌，同时，右掌臂内旋，向下、向后弧形摆臂成勾手，勾尖朝上；上体稍左倾，眼看右前方。（图 2-107）

2.上肢不动，上体向左倾；重心移至左脚，右脚屈膝提起，脚面绷直向后踢去，脚底朝后上方，高与头平；眼看右上方。（图 2-108）

技击应用：当对方向我一脚踢来时，我立即用右手下勾其腿，并迅速起腿向后踢其胸部。要求后踢腿时力达脚尖，上体向左倾倒时要挺胸、抬头。

图 2-107

图 2-108

五十一、虚步架拳

右脚向右斜后方落步，屈膝半蹲；左脚稍屈膝，以脚尖虚点地面成左虚步；同时，右勾手变拳从后向上架于头部右上方（拳心斜朝上），左掌变拳，屈肘，手臂内旋，先向前再向下最后停于左膝上（拳眼朝左）；眼看左前方（正东方向）。（图2-109）

图 2-109

五十二、虚步压打

1. 下肢不动，身体稍向左转；右拳从上向前、向下劈拳（拳眼斜朝上，高与腰平），左拳屈肘附于右肋前（拳心朝下）；眼看前方。（图2-110）

2. 右脚蹬地站立，左腿屈膝提起；同时，右拳变掌屈肘收回至胸前（掌心朝左），左拳变掌沿右臂滑至右腕关节上（掌心朝右），两掌在胸前交叉，以掌背相对；眼看前方。（图2-111）。

3. 右腿屈膝半蹲，左脚向前落地，脚尖点地成左虚步。同时，右掌变拳，屈肘收至右腰间（拳心朝上），左掌变拳向前下方直臂冲出（拳心朝下，高与腰平）；上体稍前倾，眼看左拳。（图2-112）

图 2-110

图 2-111

图 2-112

技击应用：当对方向我腹部一脚踢来时，我立刻用右掌劈打其脚背。若我右手被敌抓住，我迅速用左拳沿右臂上面向前下猛压打，同时，右手用力抽回，摆脱敌手。要求从提膝站立到虚步压打动作要快而突然，虚步与压打动作要同时完成。

收势

1.上体稍向右转，左脚向身后（西北方向）退一步；同时，两拳变掌，左掌从右膝处向左后平绕收至左腰间（掌心朝上）。随后，两掌同时向前穿出，掌心均朝上；眼看两掌。（图2-113）

2.右脚向后退一步，两掌即同时从前面向下以掌背拍击大腿，而后直臂向身体两侧后方弧形绕行。（图2-114）

图2-113

图2-114

3.左脚向右脚靠拢并步，两掌继续从后向上绕行，屈肘上举，掌心朝下，掌指相对；眼看两掌。（图2-115）

4.两掌从上向下按于腹前，两肘稍屈并稍向两侧撑引，掌心朝下，掌指相对；脸向左转，眼看前方。（图2-116）

5.两掌直腕贴靠大腿侧，头转正，眼向前平视，成立正姿势站立。（图2-117）

技击应用：以上动作必须连贯、协调，不可有丝毫停顿。退步与穿掌要协调一致，并步与对掌要同时完成。

图 2-115

图 2-116

图 2-117

第三章 自然门刀术

第一节 自然门刀术动作名称

起势

一、虚步抱刀

二、腾空飞脚

三、仆步推刀

四、转身提膝扎刀

五、转身并步扎刀

六、缠头裹脑刀

七、虚步藏刀

八、虚步压刀

九、弓步扎刀

十、弓步带刀

十一、翻身劈刀

十二、叉步三劈刀

十三、旋风背刀

十四、转身提膝扎刀

十五、弓步藏刀

十六、转身缠头刀

十七、蹿推叉劈并步刺

十八、缠头裹脑刀

十九、虚步藏刀

二十、转身缠头平斩刀

二十一、叉步云斩刀

二十二、并步扎刀

二十三、左右抄挂马步劈刀

二十四、转身并步扎刀

收势

自然门刀术

第二节 自然门刀术动作图解

起势

两脚并立；左手抱刀（虎口朝下，拇指在前，其余四指在后握住刀柄，手腕部贴靠刀盘），刀刃朝前，刀尖朝上，刀背贴靠前臂内侧，肘微屈；右手五指并拢，自然垂于身体侧；眼看前方。（图3-1）

要点：持刀臂一定要紧靠刀背，手腕部要贴紧刀盘。挺胸，直腰，收腹，沉肩，挺膝。

图 3-1

一、虚步抱刀

1.左腿屈膝，右脚向右后方退一步；右掌直臂前举弧形右摆至侧举（掌心朝下）；左手抱刀在右掌前举时直臂向左摆起（掌心朝前）；眼看前方。（图3-2）

2.上动不停，重心后移，身体右转，右掌继续向右、向后画弧，屈肘收于右腰侧（掌心朝上），左手持刀从左向上、向右弧形摆动，屈肘收于右肩前；眼看右前方。（图3-3）

图 3-2

图 3-3

3. 上动不停，重心继续后移，右腿屈膝半蹲，左脚移至正前方；脚尖点地成左虚步；右掌用力向前推出（掌指朝上，小指一侧正对前方）；上体左转，左手抱刀从右肩前向下、向左弧形绕行，垂于左侧成抱刀式；眼向左平视。（图3-4）

4. 左脚向前上半步，继而右脚向前上一步，重心前移；同时右掌向右直臂平摆至后举（掌心朝下），左手抱刀，直臂经左侧平举，再向前弧形摆至前举（高与肩平，拇指一侧朝上）；上体右转；眼看右前方。（图3-5）

5. 上动不停，左脚向右脚靠拢成并步站立，左手抱刀，向下后摆于身体左侧成抱刀式，右臂肘前摆，右掌从右腋下向前推出，高与肩平，掌指朝上，小指侧朝前；上身随着左转；眼看前方。（图3-6）

图 3-4

图 3-5

图 3-6

6. 右脚向右侧跨出一大步，重心右移成横裆步。上体稍右转，右臂外旋微屈肘向左下经体前向右弧形绕行至右侧举，掌心朝上，掌指朝右；同时，左手抱刀向左侧摆起，再向上、向右弧形绕行，屈肘收于右肩前（掌心朝里）；眼看右掌。（图3-7）

7. 上动不停，右脚尖里扣，右腿屈膝半蹲，左脚随之稍后收，脚尖右移点地成左虚步；同时上体左转90°，左手抱刀从右肩前向下、向左弧形绕行于身体右侧成抱刀式；右臂屈肘，右掌经肩上耳旁向前推出（掌指朝上，小指一侧朝前，腕高与肩平）；眼看前方。（图3-8）

技击应用：① 当对方用器械向我正面进攻时，我立即后退步用左手抱刀柄拨开对方攻势，右掌伸直前推以防敌迫近。动作须连贯，虚步动作重心要落于右腿上,右大腿要与地面平行,挺胸,直腰,收腹。② 左手抱刀拨开对方器械的正面进攻,迅速上步用右掌猛击对方胸部。③ 对方用器械向我左侧进攻时,我立即向右退步闪身,用左手刀柄拨开对方攻势;若对方再攻进,我迅速用右掌击其胸部。

图 3—7

图 3—8

二、腾空飞脚

1. 右腿挺膝站起,左脚前上半步,继而右脚前上一步,重心前移;同时左手抱刀前摆,右掌向下后摆;眼看前方。(图 3—9)

2. 上动不停,左腿向上摆踢,右脚蹬地跳起,身体腾空。在空中,右腿向前上方弹踢,脚面绷平;右手掌向前上方摆起,迎拍右脚面;同时左腿屈膝收控于右腿内侧(脚面绷平,脚尖朝下);左手抱刀向后摆起停于左侧方;眼看前方。(图 3—10、图 3—11)

技击应用:当对方用器械向我左侧进攻时,我立即上步用左刀柄挡开其攻势,迅速腾空弹击其心窝或下颌处。右手拍右脚面、左手抱刀侧摆、左腿屈膝控腿三个动作必须在腾空的最高点同时完成。在空中造型时要求挺胸、直腰。

图 3-9　　　　　　　　图 3-10　　　　　　　　图 3-11

三、仆步推刀

1. 左脚落地站立，右腿屈膝提起（脚面绷平，脚尖向下）；左手抱刀用刀柄向前推出，右手收于右腰间（掌心朝上），眼看前方。（图 3-12）

2. 右脚向后落一大步，左腿屈膝成左弓步；右掌从腰间向前穿出（高与肩平，掌心朝上），左手抱刀屈肘，后收于右肩前，掌心朝上；眼看右掌。（图 3-13）

3. 重心后移，上身右转90°（面朝南），继而右腿屈膝全蹲。左腿向左伸直平铺，左脚尖内扣成左仆步；右掌随上身右转而向下、向右、向后呈弧形绕行，屈肘横架于右额上方（掌心朝前，掌指朝左）；左手抱刀用刀柄向左侧推出成平举（刀刃朝上、刀尖朝右），眼随体转向右后转再回转看左前方。（图 3-14）

图 3-12　　　　　　　　　　　图 3-13

图 3-14

技击应用：若对方用器械向我右脚进攻，我立即提膝避其攻势，同时快速用刀柄猛击其头部；若对方再向我头部进攻，我立即后撤步降低重心避其攻势，左刀收回以防头部受击，快速穿右掌击其喉部或眼部。三个动作须连贯有力，节奏要明显，成仆步时要挺胸、立腰。

四、转身提膝扎刀

1. 重心左移，左腿屈膝下蹲，右脚蹬地屈膝提起在左脚内侧用脚尖点地成右丁步；同时左手抱刀屈肘前摆于额前上方，右臂屈肘以右掌心贴住刀柄准备换握左手之刀；眼看刀柄。（图 3-15）

2. 右脚向右跨出一步，上体右转 90°，重心右移；右手持刀向右侧下方半抡劈刀（掌心斜朝下，刀刃朝右后方）；左掌向左上侧举，掌心朝左上；眼看刀身。（图 3-16）

3. 上动不停，左脚向右脚前盖步，脚尖里扣，上身向右后转 90°；顺劈刀之势右臂外旋，手心朝上，使刀背向身后平摆，继而使刀尖朝下，从背后向左肩外侧绕行；同时左掌右摆附于右腕上，掌心朝下；眼随刀走。（图 3-17）

4. 上动不停，右脚提起，以左前脚脚掌为轴上身继续向右后转 180°（面朝南），右手持刀随身体转动直臂向右平摆至侧平举（掌心朝下，刀刃向外，掌心朝后），同时左掌向左侧平伸（掌心朝左）；眼看刀身。（图 3-18）

5. 上动不停，右脚向右侧落步，重心右移，上身稍右转；右手持刀臂外旋，屈肘收回抱于右腰间（掌心朝上，刀尖朝右前方，刀背朝右后方），左臂外旋，

掌心朝上，直臂向上、向右盖掌于左肩前（掌心朝下）；眼看刀身。（图3-19）

6.上动不停；右手持刀向右上方猛力扎出（掌心朝上，刀刃朝左前），同时左掌屈肘按于右肩前（掌心朝下）；左腿立即屈膝提起，脚面绷平，脚尖向下；眼看刀尖。（图3-20）

技击应用：当对方用器械向我右脚进攻时，我立即右脚前收，避开其攻势，迅速用右手换握刀向右半抢劈刀，挡开敌手器械；若敌后退逃跑，我快速转身逼近敌手，用刀猛扎其胸喉处。前后动作要连贯，360°转体时身械要协调，提膝和扎刀动作须同时完成。

图3-15

图3-16

图3-17

图3-18

图 3-19   图 3-20

五、转身并步扎刀

1. 左脚向左前落步，脚尖外撇，上身左转90°（朝正东），右腿略蹲，同时右手持刀向左斜前下方劈刀，左掌附于右肘内侧；眼看刀身。（图3-21）

2. 上身继续左转90°（朝北），右脚向右侧跨一步，左腿略屈膝；右手顺劈刀之势前臂内旋屈腕，以腕为轴使刀向左侧方弧形抡劈，继而向左提起（刀刃朝左上，刀尖朝左下），左掌移至右腕处；眼看右前方。（图3-22）

图 3-21   图 3-22

3.上动不停，左脚向右脚后插步，右腿稍屈膝，左腿挺直成叉步；同时右手持刀向右前下方劈去（刀尖朝右，刀刃朝下），左臂略屈肘上架于头左侧上方成横掌（掌心朝前，掌指朝右）；眼看刀身。（图 3–23）

4.以两脚前掌为轴碾地，上身左转 90°（朝正西），同时右臂内旋并向拇指一侧屈腕，使刀身贴近右大腿旁，刀尖朝前；左臂向左平摆，掌心朝下。上体继而左转 180°（朝正东），重心移至左腿，右脚向左脚靠拢屈膝半蹲并步；右手持刀向前扎出（刀尖朝前，刀刃朝下，高与肩平），左掌附于右腕上；眼看刀尖。（图 3–24）

图 3–23

图 3–24

技击应用：当对方用器械向我左下方进攻时，我立即转身落步向前下方劈刀挡开其攻势，快速上步抢劈敌手头部；若对方后退避开我攻击，我迅速转身上步再扎其胸喉等处。前落步与斜劈刀、插步与抢劈刀、并步与前扎刀须同时完成，协调一致。

六、缠头裹脑刀

1. 右脚后退一步；同时右手持刀臂内旋，屈肘上提，刀尖向下，使刀经左肩外侧向后绕行做缠头动作，左掌屈臂里摆于右腋下；眼看左前方。（图3-25）

2. 重心后移，右腿屈膝半蹲，左脚前掌虚点地面成左虚步；右手持刀从背后向右、向前再向左肋处绕环平扫，至左肋时顺扫刀之势右臂内旋使刀背贴靠于左肋（刀尖朝后）；同时左掌向下左摆，屈肘上举至头部左侧上方成横掌，掌心朝前，掌指朝右；眼看前方。（图3-26）

3. 重心前移，左腿屈膝半蹲，右脚收靠于左脚内侧，脚尖点地成右丁步；右手持刀，从左肋处向右平扫，刀刃朝前，顺扫刀之势右臂外旋；接着手心朝上使刀背向身后平摆，继而屈肘上举，刀尖朝下，从背后向左肩外侧绕行；同时左掌随之向左侧平落，向下经体前向右腋处划弧绕行；眼看左前方。（图3-27）

技击应用：当对方用器械向我左侧进攻时，我立即退步用缠头刀挡开敌攻势，顺势用刀向对方平斩；若另一敌手向我右侧进攻，我迅速用裹脑刀向右方平劈格开敌攻势。缠头刀与裹脑刀动作须连贯，刀背过背后要贴身，刀尖向下。

图3-25　　　　　　　图3-26　　　　　　　图3-27

七、虚步藏刀

右脚后退一步，重心后移，右腿屈膝半蹲，左脚脚尖点地成左虚步；右手持刀从左肩外侧向前、向下再向右后回拉于右后方，肘略屈，刀刃朝后，刀尖朝下；左手随即前推成侧立掌（平直推出，掌指朝上，小指一侧朝前）；眼看左掌。（图3-28）

技击应用：当对方用器械向我正面进攻时，我立即右退步，右手持刀向右后拉，挡开对方攻势。虚步、左推掌、右拉刀同时协调完成。虚步时后大腿要蹲平，要挺胸、立腰、收腹。

图3-28

八、虚步压刀

1. 上身稍左转，重心移至左腿；右手持刀经体前向左下刺（掌心朝下，刀尖朝左），同时左掌抓握右腕处；眼看左方。（图3-29）

2. 上动不停，上体右转90°；右前臂外旋，左前臂贴住刀身，以左肩为轴使刀尖向左上弧形摆起，再向左前下方压刀。同时重心右移，右腿屈膝半蹲，左脚略收回，脚尖点地成左虚步（左侧对正东）；眼看刀尖。（图3-30）

技击应用：对方用器械向我正面进攻时，我向左扎刀挡住对方攻势，顺势向右闪身用刀压下对方器械。左刺刀与抓握协调一致，压刀与虚步同时完成。

图 3-29

图 3-30

九、弓步扎刀

1. 右脚站起，左脚向左侧踹腿；手臂动作与前式同；眼看左方。（图 3-31）

2. 左脚向左前方落步，重心移至左脚，右腿屈膝提起右跺脚，紧接着左脚向前上步，右脚做垫步，继而左脚落地，右脚向前上一步屈膝成右弓步；左手持刀直臂前扎（刀尖朝前，刀刃朝下，高与肩平），左掌附于右腕上；眼看前方。（图 3-32）

技击应用：当对方用器械向我左侧进攻时，我向左侧踹腿，踢开敌器械，迅速上步向敌胸腹部扎刀。防守与进攻要迅速紧凑，弓步与扎刀须同时完成。

图 3-31

图 3-32

十、弓步带刀

1. 右手持刀，手臂外旋，向拇指一侧屈腕，使刀背向身后平摆，继而屈肘上举，使刀尖朝下，从背后向左肩外侧绕行；重心左移，右脚离地提起，左手向左平摆。（图3-33）

2. 上动不停，上身稍右转，右脚随即向右前方落步，屈膝成横裆步，右手持刀经体前向右上方提起停于右前方，刀柄高与头平（刀尖朝下，刀刃朝外），左手附于右腕上；眼看左前方。（图3-34）

技击应用：当对方用器械向我后侧进攻时，我立即右脚蹬地后收，用刀背向后平摆，挡开其攻势；若左前方又发现敌器械进攻，我迅速向右带刀挡住其攻势。裹脑刀与提右脚、横裆步、右提刀要协调一致，同时完成。

图 3-33

图 3-34

十一、翻身劈刀

1. 右手持刀，刀刃转向上，以腕为轴使刀向上、向右、向下经体前向左抡劈，左手仍附于右腕上；右脚向左脚前盖步，略屈膝，上体稍左倾，左脚挺直成插步；接着右手持刀顺劈刀之势向左上方提起，手臂内旋使刀刃向左上，继而向右下方劈击（刀刃朝下），同时左臂屈肘架起停于左侧上方成横掌（掌心朝前，掌指朝右）；眼看刀身。（图 3-35）

图 3-35

2. 右腿挺膝站起，左脚向左侧踹腿，高与腰平；手臂动作同图 3-35；眼看左前方。（图 3-36）

3. 左脚向左前落步，重心移至左脚，右腿屈膝提起右跺脚，左脚向左前上步，右脚垫步，左脚自然提起；右手持刀向右下点击；眼看右前方。（图 3-37）

图 3-36

图 3-37

4. 上动不停，左脚向前落步，重心左移，上体左转（面朝西），右腿屈膝前提，左腿蹬地直立，左脚跟垫起；同时右手持刀微下降，左掌稍斜上举。（图 3-38）

5. 上动不停，左脚用力蹬地，身体腾空左转 270°（面朝东北），在空中自然屈膝；同时右手持刀随转体直臂、翘腕，从后向下、向前、向上抡摆，再向右抡劈，做立圆绕行一周（刀刃斜朝下，刀尖朝右上）；左掌随转体与右臂对称做立圆也绕行一周；眼随视刀身。（图 3-39）

图 3-38   图 3-39

6.上动不停，右脚落步；右手持刀顺势微下降；左手微上举。（图 3-40）

7.左脚向西南方向落一大步，上体随之左转，面朝西北，左腿屈膝全蹲，左脚尖外展，右腿伸直平铺，右脚尖里扣，全脚掌着地成右仆步；同时右手持刀随身体下蹲直臂下劈至右腿内侧（刀刃朝下，刀尖朝右）；左臂伸直，左掌上举，拇指一侧朝上，掌心朝上，挺胸，塌腰，眼看刀尖。（图 3-41）

技击应用：当对方用器械向我右脚进攻时，我立即提收右脚向左盖步避其攻势，同时右手持刀迅速向右抢劈砍敌头部；若左侧又有敌用器械向我进攻，我用侧踹踢开敌器械，主动上步前撩刀向敌下部劈去。如右侧敌再上步向我进攻，我则迅速翻身抢劈。翻身跃步要远不要高，劈刀要立圆。

图 3-40

图 3-41

十二、叉步三劈刀

1. 左脚站起；右手持刀，以腕为轴经体前向下、向左抢劈，顺劈刀之势，右臂内旋将刀向头左上方举起（刀刃朝上，刀尖向左）；左掌在刀抢劈至腹前时附于右腕上；眼看刀身。（图 3-42）

2. 上动不停，重心右移，左脚向右脚后插步，右腿微屈膝，左腿伸直成叉步；同时右手持刀向右前方下劈，左掌屈肘横架于左侧上方（掌心朝前，掌指朝右）；眼看刀尖。（图 3-43）

3. 右脚向右侧跨一大步；同时右手持刀以腕为轴经体前向下、向左抢劈，顺劈刀之势，右臂内旋将刀向头左上方举起（刀刃朝上，刀尖朝左）；左掌在刀抢

图 3-42

图 3-43

劈至腹前时附于右腕上；眼看刀身。（图3-44）

4.上动不停，重心右移，左脚向右脚后插步，右腿微屈膝，左腿伸直成叉步；同时右手持刀向右前方下劈，左臂屈肘横架于左侧上方（掌心朝前，掌指朝右）；眼看刀尖。（图3-45）

图3-44

图3-45

5.重复图3-44、图3-45动作一次。

技击应用：当我发现右方有敌时，我就用偷步抢劈刀向敌头部劈去；若敌后退逃避，我用同样动作连续再进攻两次。同样动作重复三次，每次的两拍动作须连续；插步、劈刀和架掌须同时完成。

十三、旋风背刀

1.左脚向左跨一步，右手持刀向下抢劈，手臂内旋，使刀背向左；左手附于右腕；眼随刀走。（图3-46）

2.上动不停，右手持刀屈臂向左后抄挂，再向上、向右、向前以腕为轴做右腕花一圈。（图3-47）

3.上动不停；继而再做右腕花半圈停靠于背后，刀尖斜朝上，掌背贴腰，左掌在做左挂劈和右腕花时附于右腕外，在右手背刀之同时，左臂屈肘于胸前成立掌；眼看左前方。（图3-48）

4.左掌向下，再向左上方弧形摆起；左脚离地向左侧摆起；上体左后转90°。（图3-49）

5. 上动不停，右脚蹬地跳起身体腾空。在空中，上体向左后转180°，右腿伸直从下向上向额前里合摆起（脚掌内翻），左掌在额前迎击右脚脚掌；眼看右脚掌。（图3-50）

6. 左脚先落地，继而上体再左转90°，右脚在身体右侧落地成马步，同时左臂屈肘架于头左侧上方成横掌（掌心朝前，掌指朝右），右手持刀姿势不变。（图3-51）

技击应用：当敌用器械向我右侧进攻时，我立即左退，用腕花刀挑开敌攻势，紧接着做旋风脚，利用快速转身，用外摆腿和里合腿连续向敌上部攻击。旋风脚要求腾空要高、击拍要响、上身要直、转体360°。

图 3-46　　　　　　图 3-47　　　　　　图 3-48

图 3-49　　　　　　图 3-50　　　　　　图 3-51

十四、转身提膝扎刀

1.以左脚跟为轴,左脚尖外撇,上体向左后转180°,在此同时,右脚向西跨一步,脚尖里扣,左腿屈膝成左弓步;同时,右手持刀,随身体左转前臂内旋,稍屈肘,从掌背贴腰开始经身前向左上方弧形摆起,左掌附于右腕上;眼看右前方。(图3-52)

2.上动不停;右手持刀向右前方下劈,刀尖稍向上翘,与眉齐;左掌向右、向下、向左、向上弧形摆起屈肘横架于头左上方(掌心朝左,掌指朝右);眼看刀尖。(图3-53)

图 3-52

图 3-53

3.右脚脚尖外撇,上身左转90°,左脚屈膝提起,脚面绷平,脚尖向下;同时,右手持刀,前臂内旋,屈腕使刀尖由上转向下再向前扎出(刀尖朝东,刀刃朝下,高与肩平),左掌附于右腕上;眼看刀尖。(图3-54)

图 3-54

技击应用：当敌用器械向我左侧身前进攻时，我立即向左转身避其攻势，迅速上右脚用刀劈敌头部；若另一敌用器械向我左脚进攻，我立即提左膝避其攻势，同时迅速左转身用刀猛扎敌头部。转体时右掌背从贴腰滚向体前，贴腹不离身，然后左摆。马步与右劈刀协调一致，提膝与前扎刀同时完成。

十五、弓步藏刀

1.以右脚前掌为轴，上身向左转135°（朝向西北），左脚向前落步。脚尖外撇；同时右手持刀，臂外旋，向拇指一侧屈腕，使刀背向身后平摆，继而屈肘上举使刀尖向下，从背后向左肩外侧绕行，左掌随上身左转向上、向左、向下，再向右弧形绕行至右腋下（掌心朝下，掌指朝右）；眼看左前方。（图3-55）

2.上动不停，上身继续左转90°（面向西南），右脚提起向西北方向上步，右腿屈膝成右弓步；同时右手持刀从左肩外侧向下、向右腰侧回拉，肘略屈，刀刃朝下，刀尖朝前下方，左手随即向前平伸推出成侧立掌；眼看左掌。（图3-56）

技击应用：当敌手用器械向我背后进攻时，我立即左转体用刀背向右后平摆挡开敌攻势，并用裹脑刀护身，以防再受攻；然后把刀藏起，伺机再向敌进攻。整个动作须连贯，裹脑刀要贴身，刀尖向上。

图3-55

图3-56

十六、转身缠头刀

1. 右脚向前上半步，脚尖内扣，左腿屈膝提起，上体向左后转180°；同时右手持刀，臂内旋，刀尖向下，使刀从左肩外侧向背后绕行做缠头动作，左掌屈肘里摆于右腋下，掌心朝下，掌指朝右；眼看右前方。（图3-57）

2. 上动不停，左脚经右脚后向右落步，以右脚跟和左前脚掌为轴向左转体270°，左脚尖外撇，两腿屈膝成半坐盘；同时右手持刀从背后向右、向前、向左肋处环绕平扫，至左肋时顺扫刀之势臂内旋，使刀背贴靠于左肋，刀尖朝后；左掌从右腋下，随体转向下向左弧形绕行，屈肘架起于右肩前成立掌（掌心朝前，掌指朝右）；眼看右前方。（图3-58）

图 3-57

图 3-58

十七、踹推叉劈并步刺

1. 左腿直立站起，上体稍向左倾，右脚向右侧方踹出，高与腰平，力达后脚跟；同时右手持刀向右上方推出，高与头平，刀刃朝右，刀尖朝前；左掌向下经体前向左摆至侧举（掌心朝外，掌指朝前）；眼看刀身。（图3-59）

2. 上动不停，右脚向右侧落步；右手持刀，以腕为轴向右下抢劈（刀刃朝下），左手略上举；目光随刀移转。（图3-60）

3. 上动不停，左脚经右脚后向右插步，右腿略屈膝，左腿挺直成叉步；右手持刀，顺劈刀之势，前臂内旋屈肘，将刀向头左上方举起，在插步的同时再向右前方下劈（刀刃朝下，刀尖朝右）；左臂内旋屈肘向右、向下经右肩前弧形向左摆起，横架于头左上方（掌心朝前，掌指朝右）；眼看刀身。（图3-61）

4.继而以两脚前掌为轴碾地，使上体左转90°；同时，右臂内旋并向拇指一侧屈腕，使刀身贴近右大腿旁（刀尖朝前），左臂向左平摆，掌心朝下。紧接着上体继续左转180°（朝正西），重心移至左腿，右脚向左脚靠拢，并步屈膝半蹲；右手持刀前扎（刀尖朝前，刀刃朝下，高与肩平），左掌附于右腕上；眼看前方。（图3-62）

图 3-59

图 3-60

图 3-61

图 3-62

技击应用：敌用器械向我右上方进攻时，我立即用刀挡开其攻势，迅速踹右腿攻击敌腰部；当敌避开我攻势而连续后退时，我迅速向右上步插步抢劈刀，紧接着快速转身再扎刀，连续向敌进攻。架刀与踹腿同时完成，整个动作须连贯协调。

十八、缠头裹脑刀

1. 右腿后退一步；同时右手持刀内旋，屈肘上提，刀尖向下，使刀从左肩外侧向后绕行做缠头动作，左掌屈臂里摆于右腋下；眼看左前。（图 3-63）

2. 重心后移，右腿屈膝半蹲，左脚脚掌虚地面成左虚步，右手持刀从背后向右、向前再向左肋处绕环平扫，至左肋时顺扫刀之势臂内旋，使刀背贴靠于左肋，刀

尖朝后；同时左掌向下左摆，屈肘上举至头顶左上方成横掌（掌心朝前，掌指朝右）；眼看左前方。（图3-64）

3.重心前移，左腿屈膝半蹲，右脚收靠于左脚内侧，脚尖点地成右丁步；右臂外旋，手心朝上，使刀背向身后平摆，继而屈肘上举，刀尖朝下，从背后向左肩外侧绕行，左掌随之向左侧平落向下，经体前向右腋处弧形绕行；眼看左前方。（图3-65）

图3-63   图3-64   图3-65

技击应用：当敌用器械向我左侧进攻时，我立即退步用缠头刀挡开其攻势，顺势用刀向其平斩；若另一敌向我右侧进攻，我迅速用裹脑刀向右方平劈挡开敌攻势。缠头刀与裹脑刀须连贯，刀背过背后时要贴身。

十九、虚步藏刀

右脚后退一步，重心后移，右腿屈膝半蹲，左脚脚尖点地成左虚步；右手持刀从左肩外侧先向下再向右后回拉于右后方，肘略屈，刀刃斜朝后，刀尖朝前下方；左手随即向前平直推出成侧立掌，掌指朝上；眼看左掌。（图3-66）

技击应用：当对方用器械向我正面进攻时，我立即向右退步，右手持刀向右后拉，挡开对方攻势。虚步、左推掌、右拉刀同时协调完成；成虚步时后大腿要蹲平，要挺胸、立腰、收腹。

图 3-66

二十、转身缠头平斩刀

1.重心前移至左腿，右脚向西北方向上一步，脚尖里扣，同时右手持刀，臂内旋，屈肘上提，刀尖向下，使刀向右肩外侧向后绕行做缠头动作，左臂屈臂，左掌里摆于右腋下；眼看左前方。（图 3-67）

2.上动不停，右脚直立站起，左腿屈膝提起，以右前脚掌为轴碾地向左后转体 270°；两臂动作同上动；眼看左前方。（图 3-68）

图 3-67

图 3-68

3.上动不停,左脚向西北方向落步,右脚紧接着向前跟一步,屈膝半蹲成右弓步;同时右手持刀从左肩外侧向背后绕行,再向右侧前方平斩(掌心朝上,高与头平,刀尖朝西北),左掌向下、向左、向前弧形摆起,附于右腕上;眼看刀尖。(图3-69)

图 3-69

技击应用:当敌用器械向我正面进攻时,我用缠头刀挡开其攻势,迅速上步急转身迫近敌,用刀快斩敌头部。防守与进攻动作须连贯,一气呵成;弓步、平斩刀、左架掌同时完成。

二十一、叉步云斩刀

右脚向右后侧(正东)跨一步,左脚向右脚后插步,右腿稍屈膝,左腿伸直成叉步;右手持刀,以腕为轴使刀尖向右后做平云刀一周,继而向右侧平斩(掌心朝下,刀高与头平,刀尖向右,刀刃朝后),左掌屈肘上架于头部左侧上方,掌心朝前,掌指朝右;眼看刀尖。(图3-70)

技击应用:当敌用器械向我右侧进攻时,我立即向右云刀挡开其攻势,同时向右连续上步用刀平斩其上身。防守与进攻须快速连贯,一气呵成;插步与云刀平斩同时完成,协调一致。

图 3-70

二十二、并步扎刀

上体左转 90°，左脚向前一步，右手持刀，手臂内旋，屈腕使刀尖向下再转向前，左掌向右、向下、向前挑起（掌指朝上）；眼看左掌。上动不停，右脚向左脚靠拢成并步半蹲；同时右手持刀向前扎出（刀高与肩平，刀尖朝前，刀刃朝下），左掌附于右腕上；眼看刀尖。（图 3-71）

技击应用：紧接上动，若敌退步逃避我攻击，我迅速左转身再上步向其胸部、头部等部位再扎刀。并步与扎刀须同时完成，协调一致。

图 3-71

二十三、左右抄挂马步劈刀

1.左脚后退一步,重心左移,上体左转90° （向正南）;右手持刀,臂内旋,使刀尖向下,屈腕摆臂使刀尖向左向上弧形抄挂至左肩,微屈肘,刀尖朝前,刀刃朝上,掌心向右;同时右脚屈膝轻轻提起,左掌附于臂;眼随刀走。（图3-72）

2.上动不停,上体右转,右脚前落步,脚尖外撇,重心移至右脚,稍屈膝;

图 3-72

右手持刀随上体右转,从左上直臂向前再向右下方弧形抄挂,做右挂刀（刀尖朝后,刀刃朝下）,左掌仍附于右腕上;眼看刀身。（图3-73）

3.左脚向左侧跨一步;两臂向左右直臂摆起成侧平举,左掌心向下,右手持刀（刀尖向右,刀刃朝下）;继而右脚向左脚后插步,两腿屈膝半蹲;同时右臂外旋使刀刃向上,右手持刀向上经头前向左下弧形绕行按于左胯旁,左掌附于右腕上;眼看刀身。（图3-74）

4.两腿稍站起,上身向右后转180°;右手持刀随身体转动摆至体右侧时,两手向左上举起,刀尖斜向左下;眼看左前方。（图3-75）

5.上动不停,两腿屈膝半蹲成马步;右手持刀从左上向右劈下,刀尖稍上翘与眉相齐,右掌屈肘架于头左侧上方成横掌（掌心朝前,掌指朝右）;眼看刀尖。（图3-76）

技击应用：若敌用器械向我连续进攻时,我即用左右挂刀格开敌左右攻势,

图 3-73

图 3-74

图 3-75

图 3-76

用叉步按刀封住敌中路进攻，迅速翻身用刀向敌头部或肩部砍劈。防守与进攻须紧凑连贯，身械要协调一致。

二十四、转身并步扎刀

上体左转90°（朝正东），左脚前上半步；右手持刀，手臂内旋，屈腕使刀尖向下再转向前，左掌向前平伸，高与肩平，掌心朝下，掌指朝前；眼看左掌。上动不停，右脚向左脚靠拢成并步半蹲，同时，右手持刀前扎出（高与肩平，刀尖朝前，刀刃朝下），左掌附于右腕上，眼看刀尖。（图3-77）

技击应用：紧接上动，若另一敌向我左侧进攻，我立即左转身，快速向前扎

图 3-77

刀，以攻对攻。转身、上步、扎刀动作须积极连贯；并步与前扎刀须同时完成；身械要协调一致。

收势

1. 右脚后退一步；右手持刀，屈腕上翘，使刀向左上后摆，刀背靠于左臂；左掌向上托住刀盘，准备接刀；眼看刀盘。（图 3-78）

2. 上动不停，重心右移，上体右转 90°；左手握刀随身体右转向上、向右弧形摆至上方，右臂内旋，向右弧形捋手，屈肘收于右腰侧（掌心朝上）；眼看右前方。（图 3-79）

3. 上动不停，右脚尖里扣，上体左转 90°（朝正东），右腿屈膝半蹲，左

图 3-78

图 3-79

脚随即稍后收，再移至正前方，脚尖点地成左虚步；左手持刀先向下再向左随上体左转弧形摆至左侧成抱刀式；右掌内旋向前推出（掌指朝上，小指一侧朝前，腕部高与肩平）；眼看前方。（图3-80）

4. 动作不停，左脚向左后方（西方）撤步，右腿屈膝成右弓步，右臂内旋向外画弧，屈肘收至右腰侧，掌心朝上，同时左手握刀屈肘抱于左腰侧。继而两手同时向胸前穿出，两掌心均朝上，稍高于肩；眼看前方。（图3-81）

5. 右脚向后（正北）撤步，重心后移，上体稍右转；两臂直臂向下、向外、

图 3-80

图 3-81

向后弧形摆至侧上举；眼看右掌。（图3-82）

6. 动作不停，左脚收回靠拢右脚成

图 3-82

并步站立；两臂向里屈肘下按于身体两侧，左手成抱刀式，右掌心朝下，掌指朝左；向左转头，眼看左方（图3-83）。还原成起势动作。（图3-84）

图 3-83

图 3-84

第四章 自然门根基功法

自然门根基功法有 30 余种，练习方法独特，但都合乎"手眼身法步，肩肘腕胯膝，顶项胸腰背"的整体要求，坚持练习，功效显著。通过自然门根基功法的强化练习，不仅能为以后习练高级功夫打下扎实的基础，而且能使身体各部位成为攻击和防守的利器。

第一节 鸳鸯环

鸳鸯环

鸳鸯环是用钢铁铸成的圆环，分大环与小环，小环直径约 10 厘米，重约 0.5 公斤，大环直径约 16 厘米，重约 1 公斤。初习者套 2 对鸳鸯环，由轻到重，每月加 1 对，以推手法习练，亦可做鬼头手、内圈手练习。一开始不要盲目增加重量用拙力强推，要以柔和之气推动，让气运动起来，将劲练入骨髓，使手臂如深山老藤般柔和而韧劲至深，将内气转化为劲力。

一、虚步推环

1. 自然站立，两手套好鸳鸯环置于腰间，气沉丹田。（图 4-1）

2. 左脚向前跨出一小步成左虚步，同时，左手掌向前推出，掌心向前，目视前方。（图 4-2）

3. 接上动，以右脚为轴，身体左转，同时左手翻掌，收回腰部，掌心向上，目视前方。（图 4-3）

4. 接上动，借势左手向正前方推出，掌心向前，右手位置不变；目视左掌。（图4-4）

5. 接上动，右脚不动，左脚收回于右脚内侧成并步。同时，左掌收回腰部成自然并步。

6. 接上动，右脚向前跨出一小步成右虚步，同时，右手掌向前推出，掌心向前，目视前方。（图4-5）

7. 接上动，以右脚为轴，身体右转，同时右手翻掌收回腰部，掌心向上，目视右前方。（图4-6）

图4-1

图4-2

图4-3

图4-4

图4-5

图4-6

8.接上动，借势右手向正前方推出，掌心向前，左手位置不变，目视右掌。（图4-7）

9.接上动，左脚不动，右脚收于左脚内侧成并步。同时，右掌收回腰部成自然并步。

要点：上述九式须交替训练100次，如仍觉两手轻松，呼吸通畅，即告功成。

图 4-7

二、弓步推环

1.身体马步站立，两手套好鸳鸯环，置于腰间，气沉丹田，目视前方。（图4-8）

2.左脚向前跨出一步，同时右脚跨出成右弓步，双手向前推出，掌心向前，目视前方。（图4-9）

3.接上动，重心后移，右脚借身体后移之势收回原地，同时左脚收回成马步，两掌向两侧推出，掌心向外，手臂伸直。（图4-10）

4.接上动，右脚向前跨出一步，同时左脚向前跨出成左弓步，双手收回于腰部向前推出，掌心向前，目视前方。（图4-11）

图 4-8

图 4-9

图 4-10

图 4-11

5.接上动，重心后移，左脚借身体后移之势收回原地，同时右脚收回成马步，两掌向两侧推出，掌心向外，手臂伸直，目视前方。

要点：整个动作要灵活连贯，要气力结合。在弓步推环时要吐气，腹部要隆起，并意想气从脚底向上冲。经足三阴经到下丹田，再沿三阴上升最后从掌心发出。马步站立时要吸气，腹部要内收，意想气从下丹田提起，从掌心吸入，充盈于两乳之间的中丹田。另一方面，将内圈手的浑圆气转化为劲，即引发浑圆气为浑圆劲，要与全身各部协调运作，内要调动、配合气之回旋，才可成浑然一体。

第二节 上桩

上桩

上桩专练内膜功夫，是由《易筋经》启发形成的独特练内膜的方法，通过上桩练习可使气、膜、筋三者有机结合，达到气行于身。《易筋经》中记载："练功必须练膜，练膜必须练气，气行于筋，串于膜，通身灵动，无处不行，无处不到，气至膜起，气行则膜张，能张能起，则膜与筋齐坚齐固也。"功成后背可站一个人或负载超百斤之物，不憋气，犹可谈笑自如，其妙处不言自明。

训练方法：每天早晨舒活筋骨之后，站成马步；两掌自小腹前上托至头顶上方，掌心朝上；同时，用鼻吸气，吸至不能再吸时，两掌仍须上托2次，同时小吸2次。（图 4-12）

随即两掌翻转向下转压至腹前，掌心朝下，同时用鼻呼气，呼到不能再呼时，两掌仍须下按 2 次，同时小呼 2 次，此为 1 息。如是训练 10 息为止，吸气稍慢，呼气稍快，并用力下按。（图 4-13）

提气毕就开始上桩。桩分固定木桩与移动木桩两种。上桩部位分两处；一是脐下 3 寸之关元穴，二是脐上 5 寸的上脘穴，两穴均在任脉上，上桩训练方法如下。

图 4-12

图 4-13

一、前倾式

以木桩一端置于墙上，另一端抵住小腹关元穴，此即上桩。

1. 两手自然下垂，呼气，身体竭力前倾，以增大桩头对小腹关元穴部位之抵抗力，同时意想气从中丹田压向下丹田。（图 4-14）

2. 接上动，前倾至极限，上体直起，左手握右腕置于身后吸气，意想气自下丹田提至中丹田。（图 4-15）

图 4-14

图 4-15

要点：以上二式需交替反复练习。

二、转桩式

1. 转长桩式

以小腹关元穴部位紧贴桩尖上，双手紧握桩上半截，用劲顺时针方向旋转60次，再逆时针方向旋转60次。（图4-16）

图 4-16

2. 转短桩式

在长桩式练至一定火候时，逐渐减短桩的长度，并逐渐放低桩的支撑点直到地面，身体前倾以脐下关元穴部位紧贴桩尖上，双手握住桩的中段，先用劲顺时针方向旋转，同时吸气，并不断收腹，当顺时针旋转到不能旋转时，再用劲逆时针方向旋转，同时呼气，不断使真气下沉，腹部鼓起。

三、上桩旋转式

以腹部上脘穴紧贴桩尖上，两手缓缓向身体两侧平伸，如鸟翼状；然后两腿伸直，找一名助手抓住两脚绕桩由慢至快转动。（图4-17）

图 4-17

四、背上负重

此上桩功夫是练内膜，需数年纯功缓缓而来，不可性急，功成背上可站人，口中犹可食点心，谈笑自如。（图4-18）

竹刷功

图4-18

第三节　竹刷功

习练竹刷功可代替少林金钟罩、铁布衫等功法，人体的内气运行即内部气血运行，在竹刷排打下能激活神经机能，产生特殊反应，增生新细胞，从而促进新陈代谢，达到四肢百骸的内气与外部相结合，产生抵力与外力抗衡，身如铁石。

自然门竹刷拍打，其独到之处在于讲究顺其自然，"内练一口气、外练筋骨皮"，讲究气力结合，通过吸气、吐气及身体内部的排打，使体内的劲力能在意识的指导下集中于一处，并能使这股劲力集中爆发出来，功成之后，可以在自己的意识控制下，使身体某一部位产生抵抗能力；更能抵抗外力击打，甚至能使力道改变方向，自弹敌方，从而达到防卫的目的；通过练习还可以提高自身脏腑功能，使气血旺盛，强筋健骨，祛病延年。

1.两脚分开站立；先吸一口气入下丹田，然后握紧拳头随意击打躯干各处，当拳头即将接近身体时，鼻子猛喷一口气，发出"哼"声。同时，意想气从下丹回冲至身体受击之处，使之鼓起，只要每天增加击打次数和击打力度，就会使身体对外界产生一种抵抗力，同时躯干抗击打能力随之增强。

2.两脚并立，略宽于肩，缓缓吸一口气入下丹田，用竹刷拍打身体各部位，同时，鼻子喷气，发动"哼"声，意想气从下丹田冲至身体受击之处，使之与竹刷产生抵抗力。照此方法，分别对肋、腰、胸、背等部位进行刷打，每个部位排打时间不少于5分钟。（图4-19~图4-22）

图 4-19

图 4-20

图 4-21

图 4-22

第四节 顶功

顾名思义，顶功专练头顶功夫。

一、无极式

身体正中而立，两脚自然分开与肩同宽，两臂下垂于身体两侧，两手腕稍用力，两手掌心朝下成覆掌，手指朝前。头顶似有绳系而悬起，上下排牙齿微叩，舌抵齿间。舌主要由心经灌注，齿主要由肾经灌注。舌在五行中属火，肾在五行属中水。故舌抵齿间是为心肾相交之兆，水火既济之象。目先合而后开平视前方，意驭念头，无我想，无他想，处空寂净虑之本然状态。（图 4-23）

功能：无极式主要是采地阴之气，吸气时，意想黄色的气流从地腾起，从手心劳宫穴吸入，沿手臂内侧缓缓进入下丹田，手心微有麻凉感；呼气时，意想黄色之气循原路至手心劳宫穴向外排出，手心微有热胀感。

歌诀：

无极起势合自然，水火既济舌抵齿；

念从手心吐纳气，神气相抱念导气。

图 4-23

二、上提式

1. 双掌由掌心朝下变为掌心朝上，从体侧会合于小腹前，继而上提至胸部之膻中穴，指尖相对，掌心朝上；念想气自下丹田上提至膻中穴，目先合后开。（图4-24）

2. 转平掌为竖立之虎爪掌，上提至头部两侧；念想气自膻中穴沿督脉上行，上提至头部神庭穴（位于额头发上半寸部位）；目平视。（图4-25）

图 4-24

图 4-25

三、旋 转 式

1. 以额头上端入发际半寸部位之神庭穴顶墙支撑，以身体躯干为轴，以两脚带动而旋转之；右手摆动于体左前侧；左手摆动于体右后侧；重心移向右脚前掌，目视体左上侧。（图4-26）

2. 身体呈顺时针方向旋转至面部朝上，左脚自右脚后偷步右移一步；两手斜摆于体侧；目上视。（图4-27）

3. 重心移向左脚，身体继续按顺时针方向旋转至面部斜朝下；随转体，右手自体右侧向体左侧上方摆动；左手自体左侧向体右侧下方摆动。（图4-28）

4. 再使身体按顺时针方向旋转至面部朝下，右脚自左脚尖前向体右侧横移一步，返回第一动，是为顺向旋转，逆向旋转亦如是操作，唯方向相反。

图4-26   图4-27   图4-28

四、头撞南墙式

以神庭穴部位频频撞击墙壁，由轻渐重，初练时以每遍撞30下为度，行3遍，渐增至每遍撞300下，总以头部能承受撞击之力为要，缓缓从事，以日增5下为度。（图4-29）

功能：功成可于头顶叠砖5块，以铁锤裂砖而头顶完好无恙，可使上丹田内气充盈。

歌诀：

下丹田气向上提，向上贯入神庭穴；

或旋或撞须适度，气透神庭头如铁。

铁砂掌

图 4-29

第五节 铁砂掌

铁砂掌练法比较多，练法也都大同小异，自然门有独特的内功心法："不固执以求气，不着相以用力"；用意念支配，以气催力，勿用僵力；气到力到，内外兼修；拍为掌心，摔为掌背，切为掌肚，按为掌根，打为掌面。

一、功法训练

（一）调气法

两脚分开与肩同宽，吸气时两掌向外拉开；呼气时，两掌内合。动作越慢越好，沉肩坠肘，两掌有拉不开、合不拢之感，就可练习操袋法，也可以在练完内圈手后直接练习。

（二）操袋法

准备一个长 20 厘米、宽 20 厘米、厚 5 厘米的帆布沙袋，放于一个 50 厘米高的铁凳上（图 4-30）。然后马步势面对袋子，以双掌拍、摔、切、压、打五种方法为一组，双手先后交换练掌各 36 次，计 36 组掌法，两手共 72 掌。

图 4-30

（三）单操袋

1. 拍

（1）马步拍掌

马步站立，两掌心向上放于腹前，重心移至右脚，顺势右臂向右、向上抬至与肩同高，掌心向上（图4-31）；腰向右转，顺势右掌向前拍打沙袋，左掌不动，同时呼气；眼随手动（图4-32）。吸气时，气由丹田上升至膻中；呼气时，气循手三阴至劳宫发出。左式要领与右式相同（图4-33、图4-34）。

图 4-31

图 4-32

图 4-33

图 4-34

（2）弓步拍掌

左弓步站立，两掌掌心向上，放于小腹前，吸气时，身体向右转，身体重心移至右腿，同时，右掌向右、向上移至右后方，与肩同高，掌心向上（图4-35）；腰向左转，以腰带臂，右掌向下拍击沙袋成左弓步，同时呼气（图4-36）。吸气时，气由丹田至命门、循督脉上升至大椎；呼气时，气由大椎循手三阴发出。吸气时，掌心要含；呼气时，掌心要吐。左式要领与右式相同（图4-37、图4-38）。

图 4-35

图 4-36

图 4-37

图 4-38

2. 摔

面向沙袋站立，吸气，腰向左转，重心移至左腿，同时，右手向下、向左后画弧至肩前，掌心向下（图4-39）；腰向右转，以腰带臂向前击出，掌心向上，着力点是掌背，重心移至右腿，同时呼气（图4-40）。吸气时，气由丹田上升至膻中，呼气时循手三阴发出。左式要领与右式相同（图4-41、图4-42）。

图 4-39

图 4-40

图 4-41

图 4-42

3. 切

马步、弓步切掌，要领与拍掌相同，切掌的着力点是掌肚一带（图4–43、图4–44）。左式要领与右式相同（图4–45、图4–46）。

图 4–43

图 4–44

图 4–45

图 4–46

4. 按

马步，面向沙袋站立，两掌指微按于沙袋上，掌根离沙袋约3厘米（图4-47）。吸气时，气聚丹田；呼气时，气由命门循阳经发于掌根（图4-48）。

图 4-47　　　　　　　　　　　　　　　图 4-48

（四）插沙法

准备一个铁桶，刚开始盛绿豆，练习者站立于铁桶前，屈膝下蹲成马步，右手成掌，屈臂上抬至胸前；意念气入膻中。手腕右转成掌心向后、掌指向下之势，右手用力直插木桶中间，至整个手腕淹没在绿豆中。意念膻中之气迅速贯注于右手指尖。右手屈指成钩，上提收回，左手亦如此插出收回，两手轮流练习。一年后，此铁桶绿豆已成碎末。可将绿豆粉倒出，在铁桶内加入绿豆和铁砂各半。如此反复练习，再一年后，绿豆定成碎末，用筛子筛出绿豆，再加入铁砂，再如此练习。合计三年，基本功成。

（五）子母球

此功可练铁砂掌之发劲与点打穴位之指劲。练习时，先备铁球两个，大者为母球，小者为子球，大球重10公斤，小球重6公斤，先练子球，后练母球。

1. 预备式

将球置于铁凳上，两脚分开，略宽于肩，屈膝成马步，两手自然下垂，全身放松，自然呼吸。（图4-49）

2. 掌拍式

接预备式，左手抬起，高与眉齐，随后自然下落，以手掌心拍打球体（图4-50），再翻掌以掌背拍打球体（图4-51），两手如是反复交替拍打100次。

图4-49　　　　　　　图4-50　　　　　　　图4-51

3. 斩切式

接预备式，右手抬起，高与眉齐，然后自然下落，以右手掌外侧沿斩切球体（图4-52）。斩就是用手掌外沿斩击球体，切与斩相似，下斩时稍向前推，切时直砍。如此两手交替斩切100次。

4. 点戳式

接预备式，右手抬起，高与眉齐，然后自然下落。五指扣紧成勾手，以指尖点戳球体（图4-53）。如此两手交替点戳100次。

图4-52　　　　　　　　　　　图4-53

5. 敲击式

接预备式，右手抬起，高与眉齐。然后自然下落，以食指成鬼头指（五指弯曲成半握拳状。拇指压于食指末梢，食指第一指节向外凸出）敲击球体（图4-54），左手抬起，高与眉齐，自然下落，以中指握成鸡心捶（五指变曲成半握拳状，拇指压于食指、中指末梢，中指第一指关节向外凸出）敲击球体。如此两手交替敲击100次。

图 4-54

6. 抛抓式

左手抛球，右手接球。把球放于左掌心上，然后用力向上抛；右手成爪，爪心向下抓球，然后松开，左手接球，掌心朝上，再向上抛球（图4-55、图4-56）。如此两手交替势接100次。

图 4-55

图 4-56

要点：① 心无杂念、全身放松，只有肢体和精神完全放松，排除杂念，才能使气力自然贯穿，从而更好地发挥人体的潜能。② 顺其自然，循序渐进，抬手与落手都要自然放松，不着气力，但接触球体要意、气、力三者相结合，要用一种将球击碎砍开的意念。刚开始练习时，轻轻用力即可，然后再逐渐增强，久之掌指之力自然会增长。③竖脊立腰，立身中正，训练时要保持身体重心，不能低头猫腰，只有这样全身气血运行才能通畅，行功时才能听任自然，气力才会从丹田而注于掌上；否则内脏长期受压，会造成气血瘀阻，有害于身心健康。

（六）收功法

子午桩站立，两手胸前开合数次，引气归丹田。两臂由下向两侧分开，向上捧气贯于百会。呼气时，气由百会下降于丹田，连续做3次。然后两手在丹田合拢，右手在下，左手在上，揉丹田数次收功。（图4-57~图4-60）

图 4-57

图 4-58

图 4-59

图 4-60

（七）铁砂掌洗手方

生川乌、生草乌、生南星各 180 克，当归、红花、地丁、艾叶、延胡索、花椒、半夏、透骨草、蛇床子、地骨皮、川芎、刘寄奴、百部根各 280 克，地鳖虫 64 只，连翘 30 克，上述 18 味药共研末，放在阳干保存，练功后取一汤匙药，加一个葱头、三钱白酒放在铝锅内，加 3 斤水，用文火煎 5 分钟后洗手，煎一次药可连续用 2 天（冬季可以用 4 天），下次再洗手时，热一下即可。练功时用此药洗手，不仅能增强两手功力，而且还能固功。

第六节 内外八段锦

内外八段锦分内练与外练两种，内练为练丹，外练为练筋。

外八段锦为站桩，又名"拔断筋"，有将筋拉长以至近乎被拔断的极大限度。拳谚云"筋长一寸，力长三分"。习练此功，旨在增强关节韧性，增长内功，而非将筋拔断。

内八段锦乃打坐下盘必修之课，是丹道功夫的辅助功，久习此功可使耳聪目明，齿牢肾固，亦可除脑疾，且有利于内丹之早日练成，因见效明显，是增长内功的优良功夫。同时也可调和阴阳，通理三焦，以动入静，以静入动，通和上下，和畅气血，去旧生新，充实五脏六腑，驱外感之诸邪，消内生之百病。常习之可达强身健体、祛病延年的功效。

一、外八段锦

1. 起势
两手握拳，平置于腰间。拳心向上，目视前方。（图 4-61）

2. 两手托日月式
接起势，两拳变掌，内旋后向头部上方托举，两掌尖相对（图 4-62），先观左掌，再观右掌，三观两掌间上方之天空，因存想左掌托日，右掌托月，故名。

3. 前朱雀式
接起势，先将左掌前伸（图 4-63），然后左臂内旋抓握变拳收回腰间，右拳亦如是操作。

图 4-61   图 4-62   图 4-63

4. 左青龙右白虎式

接起势，左拳向左侧直伸（图 4-64），然后收回腰间（左青龙势），右拳亦如是操作（右白虎势）。

5. 后玄武式

接起势，先左拳变掌，向左后侧平伸（图 4-65），然后向外抓握变拳并收回腰间，右拳亦如是操作。

6. 转辘轳式

（1）接起势，左拳变掌向前平伸，再内旋向右侧画弧，并随弯腰前俯而达于左脚尖，掌心朝后。（图 4-66）

图 4-64   图 4-65   图 4-66

（2）上动不停，左掌随身直起而外旋至掌心朝上（图4-67）。再抓握变拳收回于腰间，右手亦如是操作。注意：两膝不可弯曲。

7. 龙虎相交式

接起势，两拳变掌于体前，指尖相对，掌心向上，然后两掌缓缓上提至胸前，两臂外旋翻掌向上托起，置于头顶上方（图4-68），然后再抓握变拳收于腰间成起势。

8. 收势

接起势，两拳变掌向下按压，成覆掌（图4-69），意存下丹田。

图4-67　　　　　　　图4-68　　　　　　　图4-69

二、内八段锦

1. 鸣天鼓

盘腿而坐，两手掩耳，以食指和中指轻轻弹击脑后部（图4-70）。一上一下如击鼓，习24下，可愈脑疾，祛风湿，除邪气。

2. 磨牙齿

以上下牙齿来回磨之（图4-71），凡16下即咽气一口，习7遍。常习磨牙，可愈齿痛，并长期不患齿疾。

3. 揉泥丸宫

一手掩百会（又名昆仑，居脑后枕骨上），一手揉前顶（居头之顶端，此穴之下即是泥丸宫），或右手掩而左手揉，或左手掩而右手揉（图4-72），各24下，常揉泥丸可除脑疾，对促进头部血液循环、增强颈部肌肉、活筋有较明显的作用，有助预防和治疗颈椎病，保持颈部肌肉正常的运动功能，改善高血压和动脉硬化患者的平衡功能，减少脑晕的感觉。对消除大脑和中枢神经系统的疲劳和一些生理功能障碍等，也有促进作用。

图 4-70　　　　　　　图 4-71　　　　　　　图 4-72

4. 按眼眉骨

以两掌手指交叉，拇指根部轻擦眼眶上端之眉骨 24 下（图 4-73），常擦眉骨，可练眼的神光，永无目疾，可以增强眼肌力量，防治近视。

5. 擦脖根骨

一手按住前顶穴，另一手按颈椎骨（图 4-74），或左手按右手擦，或右手按左手擦，各 24 下。

图 4-73　　　　　　　　　　　　　图 4-74

6. 擦面

以两手心相贴搓 36 次，手心即热，再以手心擦面部（图 4-75），以两手中指自鼻孔两侧擦起，往上至额头向两旁太阳穴分开，再往下循脸颊擦而返回于鼻孔两侧。如是两手于面部各绕一圈，擦 24 圈。常擦面可使面色光润，不起皱纹。

7. 拔耳毒

两手掩耳（图 4-76），掩时轻，放开重，如拔罐，可将耳中邪气热毒悉皆拔出。常拔耳毒，可使耳聪善闻。

8. 磨背

先将拳背擦热，一边握空拳循腰椎两旁上下反擦腰背（图 4-77），一边口吐浊气，这样可将浊气吐出。此式亦名鳌鱼摆尾，同时可使腰部各组织、各器官，特别是肾脏、肾上腺等得到增强，既有助于防治常见的腰肌劳损等疾病，又能增强全身机能。

图 4-75　　　　　　　　图 4-76　　　　　　　　图 4-77

第七节　混元筑基功

混元筑基功，乃至精、至纯、至真之内功绝学，是恩师杜飞虎先生独步武林的稀世奇功之一。于空处用功，于动中求静，以意导气，练气化神，练神还虚，周身上下，混元一体，如簧似电，一触即发，是为神打。其内外相通，阴阳互调，虚实互换，刚柔并存，气敛神舒。贯穿周身，感应灵敏，健脑强身，是为神体。气归丹田之筑基。以节节松活之连通，全身经脉之窜行，使内心潜发，层浪叠起，如奔雷闪电，似春蚕抽缕，无穷无尽，连绵不绝，灵活无滞，变化无端，是为神功。但凡习此技者，须具慧根、慧性、慧体、决心、苦心、坚心，若有此天资者，在师傅的言传身教下，潜心修炼4个月，可获良效。

歌曰：

混元一气神功分，动中求静有其意。

以气归丹空处决，走中守神运气血。

净其意识化神体，静中守一是筑基。

先天真元返还兮，性命双修神还虚。

悟得动中入静关，从此步入罗仙班。

一、罗仙集丹功

歌诀：

盘膝入定归自然，净化冥想除杂念。

日月同辉调阴阳，洗浊存精气血旺。

双龙吸珠沉海底，目视丹田丹丸亮。

1. 盘膝入定归自然

每日晨起，背北向南，自然盘坐于床垫上，悬顶拔颈，拉脊，直腰坠尾。然后犹如平时一样，闭嘴合齿，舌头轻抵上下齿之间，二目微合，内视丹田。两手五指自然分开，虎口相对，似握一小球，置于丹田处，排除杂念，净化冥想，自然呼吸3~5分钟（图4-78），或两手在胸口抱球（图4-79）。

图 4-78

图 4-79

要点：① 在悬顶、拔颈、拉脊、直腰、坠尾时，要注意用意不用力的原则，要有一种如拔和对拉的意念。② 舌头轻抵上下齿之间，取上下相连，气息升降自然之意。③ 二目微合，内视丹田，是指目光内敛直视小腹丹田。通过这样的意念，去排除外界影响，净化思想意识，从而进入抱元守一的状态。如此久而久之，自能守住丹田了。

2. 日月同辉调阴阳

缓缓呼气一口至净，同时双手十指慢慢舒展，徐徐从小腹处各自左右分开，同时旋腕掌心向下，指尖向前，向两侧伸到极限（图 4–80）。双手旋腕使掌心向上，掌指指向两侧，两臂尽量向两侧伸展、指平，并向后开扩。在双手外向旋腕的同时，开始慢慢吸气，至两臂抬平，向后展开的同时吸气至满，静守 5 分钟（图 4–81）。呼气时，两拳旋腕使掌心向下，同时使手臂下沉（图 4–82）；吸气时，旋腕手心向上，指与臂平。反复做 9 次。

要点：① 呼吸时要匀、深、细、长，同时要与动作协调一致，绝不可呼吸慢而动作快，或动作慢而呼吸快。② 凡伸展开扩之动作，都须尽量拔伸、展开，只能用意，不能用力，要有一种使手臂、掌指、全身各节经络、韧带无限制地随动作向远方空处拔伸的意念。以后均同。③ 意念在双手五指舒展，胯肩下伸，呼气之时将体内的基础物质——"气"全部集聚到小腹，而将一些有害物质——二氧化碳等呼出体外。④ 在两手旋腕向上，两臂向两侧伸展指平的同时，意想月亮之华辉已被吸至左掌心，如一轮圆月的球状气体在手心上缓缓滚动，并有一

图 4-80

图 4-81

图 4-82

种清凉而舒心的感觉。同时右手亦将太阳之精华吸至掌心，似清晨初升的红日在右手掌心慢慢转动，温和不热，暖而不烈，并想日月之精华正在相互转化，交相辉映。呼气至净时静守，为自然呼吸；吸气至满时静守，可短暂停止呼吸后再做自然呼吸。

3. 双龙吸珠沉海底

缓缓呼气，同时两肩下沉，两臂自然伸直，亦随之慢慢下沉，然后缓缓屈臂成环，慢慢收于小腹处，掌心向上，掌指相对，意守丹田，至此气呼净（图4-83）；两手随之分开，掌心仍朝上，胸部前挺，慢慢向上托起至胸部两侧（图4-84）；两掌向外旋转，使掌指向下（图4-85），两掌向两侧，向上画弧；掌根靠拢于头顶上方，向下合掌于胸前（图4-86）。

两掌合掌举至头上方，两掌分开，仰掌向上似莲花状，在两肘向腰际靠拢的同时，开始吸气，到两手于头顶上方合拢时吸气至满，静守5分钟。两手手指并拢伸直，掌指合于头顶上方。指尖向上（图4-87），然后缓缓屈肘向下至脑后玉枕穴（图4-88、图4-89）。

两肩侧开始下沉，两掌随之向两侧分开，两臂仍屈肘向上，随即两肘自下缓缓向后、向上抬起。两手同时自上向前、向下、向后各自从腋下缓缓穿过，五指分开成球窝状，虎口一侧贴背对靠于肺俞穴（图4-90、图4-91）。

然后沿督脉缓缓下降至腰椎，再左右分开，经腰眼环形向前，至小腹丹田处如握一小球状（图4-92）。在双掌合拢屈肘下降的同时开始慢慢呼气，至两手环抱于小腹时，气乃呼尽，静守5分钟。

图4-83

图4-84

图4-85

图 4-86

图 4-87

图 4-88

图 4-89

图 4-90

图 4-91

图 4-92

要点：① 缓缓呼气，两肩下沉，两臂随之向下，并在屈臂环收于小腹的同时，意想两个球形的气体被从劳宫穴吸入，沿臂内成一红一白两股气流（水火二龙）于咽喉处会合，沿任脉下行至小腹丹田，并在丹田成环滚动。② 再慢慢吸气，两手由下而上至头顶成莲花状的同时，意想水火二龙从丹田沿任脉上升至咽喉处左右分开，过肩井穴沿臂内（手臂里面空松之处）上行，随着两手上升而聚于头顶上方，并想象此水火二龙通过相互吸收，不断强大，并将天地日月万物之灵气吸收到其莲花掌上，如一五光十色的晶珠在两掌间转动。③ 在两手十指并拢相合，缓缓向下沿督脉、经带脉环形抱于小腹丹田处的同时，意想此晶体灵珠被水火二龙慢慢从手劳宫穴吸入，沿臂内至督脉下行经带脉入于丹田，成两条晶体返日月的龙形气体环形转动，由慢而快合二为一，渐渐浓缩成一晶亮剔透的丹珠，使丹田通明。

第五章 九星躲闪桩

九星躲闪桩，是自然门创派祖师徐矮师所创。练此功时，先准备 9 根直径三寸、高八尺的木桩，然后按边桩到中桩三尺三寸的间距，设置东、南、西、北、东北、东南、西北、西南、正中 9 个点，内含八门九星之意，最后将 9 根木桩依次埋下，木桩的高度以并步站立头与木桩齐平为准。（图 5-1）

九星躲闪桩共有 9 种练法，常见的有 3 种：① 走九宫；② 天罡 36 式；③ 地煞 72 式。另 6 种练法是自然门独门秘笈，不轻易外传。

走九宫，又称"九宫步""飞九宫"，八卦的八个方位加上中宫合称九宫。练习时，用内圈手、鬼头手等技法，在 9 个木桩之间穿插、躲闪。行进顺序主要有顺穿、逆穿两种。初学者一般采用顺穿的方法，即"始坎、次坤、次震、次巽、复息于中宫。自中宫至乾、次兑、次艮、次离，一周毕矣"。逆穿则是由离宫返回坎宫，其口诀为"二四为肩，六八为足，左三右七，戴九履一，五居中央"。简单地说，顺穿时先从第一宫始，依次环每宫绕走一圈，至第九宫；逆穿时从第九宫起，依次绕行，至第一宫。此法娴熟后，可不依九宫顺序，随意绕宫穿行，练其身法步法，闪者用轻劲，躲者用脆劲，亦可随意练习拳脚散招。把置于九宫的标志物假设为对手，遇之或闪让，或击撞。宫与宫之间的距离可随训练程度的提高逐步缩小。开始时桩行距可宽至五尺，渐次减少为二尺或仅容侧身而过。桩高度亦可渐矮之。练至飞燕穿林，方为成功。

天罡 36 式，是指练习者在 9 根木桩之间挤靠踢打，每根木桩 1 招 4 式，共

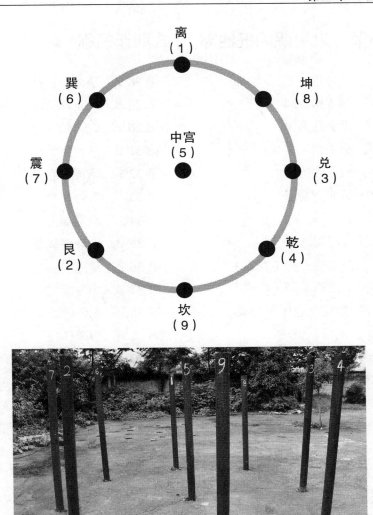

图 5-1

计 9 招 36 式，合 36 天罡之数。地煞 72 式，专练翻滚、变踢、潜踢、低扫腿、腾空闪、扑击等，每个木桩 8 式，共计 72 式，合 72 地煞之数。本书介绍的是第三种练法。读者如果能够勤学苦练用心体悟，不仅可以增长功力，而且可以快速提升实战技击水平。

第一节　九星躲闪桩地煞 72 式动作名称

起势

第 1 式　翻捶钻心脚

第 2 式　压手迎面捶

第 3 式　压手斜飞掌

第 4 式　白马内扬蹄

第 5 式　黑蛇右卷尾

第 6 式　鸳鸯双飞脚

第 7 式　天门踢绣球

第 8 式　白浪滔天脚（左式）

第 9 式　白浪滔天脚（右式）

第 10 式　黑蛇反卷尾（右式）

第 11 式　烈马一扬蹄

第 12 式　烈马二扬蹄

第 13 式　烈马三扬蹄

第 14 式　盘根霸王肘

第 15 式　黑虎两张口

第 16 式　铁拐李献拐

第 17 式　武松踢山门

第 18 势　黑夜鬼旋风

第 19 式　黑蛇反卷尾（左式）

第 20 式　灵猴双抢蟠桃

第 21 式　双峰猛贯耳

第 22 式　武状元翻书

第 23 式　吊死鬼上门

第 24 式　白日鼠钻耳

第 25 式　武松醉捏喉

第 26 式　顺步再捏喉

第 27 式　仙人摘阴茄

第 28 式　矮鬼坐打钟

第 29 式　二龙双抢珠

第 30 式　铁臂锁蛟龙

第 31 式　黑狗猛钻裆

第 32 式　迅雷穿心指

第 33 式　汉钟离翻扇

第 34 式　顽猴顺抱桩

第 35 式　懒猴倒拔葱

第 36 式　猛鹰三摇头

第 37 式　小鬼踢门

第 38 式　无常勾魂

第 39 式　懒驴弹腿

第 40 式　白蛇吐芯

第 41 式　肘底看镖

第 42 式　猛虎翻身

第 43 式　排山倒海

第 44 式　双龙入洞

第 45 式　狸猫上树

第 46 式　鬼手摘星

第 47 式　鬼儿叩门

第 48 式　鬼扇阴风

第 49 式　小鬼点灯

第 50 式　小猴看书

第 51 式　丹凤盘翅

第 52 式　雄鹰冲霄

第 53 式　兔子蹬鹰

第 54 式　白浪滔天脚（右式）

第 55 式　天门踢绣球

九星躲闪桩

第二节　九星躲闪桩地煞 72 式动作图解

起势

两脚开立与肩同宽，两膝微屈；两手自然垂于体侧；直腰，拔背，收下颌，悬顶。眼平视。自然呼吸，心平气和。

第 1 式　翻捶钻心脚

1. 右脚向前钻点地面，重心后坐，劲在左腿，成右虚步，同时，右手握拳上提，从右腰间向前上再向下翻出，高与肩平，左掌随即成侧立掌护于右肘内侧，目视 1 号桩北面中段点。（图 5-2）

图 5-2

2. 上动不停，重心上起，双手握拳收于腰间，右腿随即屈膝上提，对准1号桩中段钻出，高与心口平，目视右脚尖。（图5-3）

要点：翻捶与钻踢要连续出击，不可间断。翻捶用弹劲，钻踢用加速力，并注意在达到目标的一瞬间，将脚趾有意识地猛然收紧。（无论拳、脚、肘、膝等在达到目标的瞬间都要求如此，后不重述。）

技击应用：敌以右脚正面朝我腹部弹击，我重心速向后下坐成虚步，同时以翻捶向前下弹击其脚背；在敌右腿收回的同时，我右脚以脚尖为着力点，钻击其心口。

第2式　压手迎面捶

接上式，右脚顺势下落成右弓步，同时左手变掌自左腰间向右侧环压至右胸前，右拳从左臂内侧穿出，向前上冲击1号桩北面桩头，拳心向下，高与两眼平，随即左掌收于右腋下，目视右拳。（图5-4）

图5-3　　　　　　　　　　　　　图5-4

要点：冲拳要在弓步形成的同时完成。要注意借蹬腿、拧腰、顺肩之势，使冲拳状如离弦之箭射出。

技击应用：在敌防我钻心脚的同时，借势以右拳崩击敌面门。

第3式　压手斜飞掌

接上式，左脚向左前方斜进，同时左向拧腰，右手拳上起向左下挂压至左胸前，向左拧腰转体成左弓步，左掌从右臂内侧穿出，斜向左前上方挥臂、甩腕，

以掌背拍击 8 号桩西南面上端，目视左掌，右手随即收于左腋下。（图 5-5）

要点： 在拧腰转体、挥臂甩腕等运动的过程中，要将各节各部自然放松，切勿使筋肌收紧，使动作出现僵滞的现象。（要注意每招每式在运动过程中的松活自然，后不重述。）

技击应用：在艮宫之敌欲驰援坎宫时，我左脚斜线抢进艮宫，同时右手环挂敌拳腕，左掌反拍其左面耳门穴、太阳穴等穴位。

第4式　白马内扬蹄

接上式，双手握拳收于右腰间，同时重心移于左腿，并向左拧腰，右脚尖外展稍上提，以脚内侧为着力点骈踢 8 号桩西北面离地七寸处，目视右脚。（图 5-6）

要点： 骈踢要快速隐蔽，令敌看不出预动。

技击应用：双手缠搂敌右拳腕，顺势向右后方拧转牵拉的同时，右脚向里骈踢其右腿胫骨七寸处。

图 5-5

图 5-6

第5式　黑蛇右卷尾

接上式，向右后上方翻腰转体，同时右膝微屈，借势顺右向后上方反踢 1 号桩南面中上段，双手姿势不变，目视右脚。（图 5-7）

要点： 右腿顺右向后上方反踢时，要注意借翻腰转体之势反踢。

技击应用：借势反踢坎宫之敌背心处。

第6式　鸳鸯双飞脚

接上式，右脚收回下落蹬地，使身体腾空跳起，同时左腿屈膝以前脚掌为着力点、对准5号桩北面中下段踢击，双手握拳不变，抱于腰间，紧接着在左腿屈膝收回的瞬间，右脚以前脚掌为着力点继续对准5号桩北面上段踢击，双手姿势不变，目视右脚。（图5-8）

要点： 腾空要高，双腿飞踢要轻快连贯，要注意借助向前上纵起之势飞踢。

技击应用：当中宫之敌欲向坎位驰援时，我以迅雷不及掩耳之势腾身而起，以左脚踢敌裆腹，右脚踢敌胸部心窝、下巴等部位。

图 5-7　　　　　　　　　　　　　图 5-8

第7式　天门踢绣球

接上式，左脚顺势下落，右腿屈膝上提，左脚随即外展蹬撑，使脚跟里向转动的同时，顺右后方斜线滑动，同时上体顺势向左后斜倚，展腰顺胯，使右腿横起向右对准6号桩东南面上端侧踢，双手握拳，左拳护右腮，右拳护于右胯旁，头顺右后摆，目视右脚。（图5-9）

要点： 在右腿达到目标的一刹那，要猛然向左拧腰转胯，使右腿螺旋而出，脚跟斜向后上方。

技击应用：当乾宫之敌欲驰援中宫之时，我速用右脚侧踢其上盘，以闪电般的速度打他个措手不及。

第8式 白浪滔天脚（左式）

接上式，右脚收回下落，同时左腿屈膝上提，脚尖下垂，双拳随即向左，右拳护左腮，左拳护右胯。接着向右拧腰转体，上体顺势向右后斜倚，同时左腿以脚背为着力点摆踢6号桩西南面上端，目视左脚。（图5-10）

要点：在左腿摆向6号桩西南上端的同时，右脚要注意外展蹬撑，使脚跟向里转动。

技击应用：承接上式，斜线扫击敌右面颈、腮等部位。

图5-9

图5-10

第9式 白浪滔天脚（右式）

动作同第8式白浪滔天脚（左式），方向左右相反。

第10式 黑蛇反卷尾（右式）

接上式，上体顺势向后下方拧转，右腿以右脚跟底部为着力点，顺势反扫1号桩西北面根部，双手随即护于右腿内侧，目视右脚。（图5-11）

要点：反扫时，要以上体带动下体，利用其旋转之势，务必使左腿迅速屈膝全蹲，上体全速收腹含胸下伏，左脚尖立地为轴。

技击应用：在坎位之敌欲驰援乾位的同时，我乘上式之势，突然反扫其脚后跟外侧。

图 5-11

第 11 式　烈马一扬蹄

1. 接上式，右腿屈膝收回，同时向左后转体，目视 2 号桩。（图 5-12）

2. 上动不停，含胸收腹，使背部团团拱起，随即以右肩背向下着地，朝 2 号桩斜身前滚一周，双手及左腿外侧面顺左侧身着地，右腿弯曲，脚横起，借滚动之势对准 2 号桩北面下段离地约七寸处侧骈踢，头向右摆，目视右脚。（图 5-13）

要点： 在肩背向下着地朝前翻滚时，头部要尽量向内下勾屈，双手环抱于胸腹部，双腿弯曲内收，紧贴胸部。总之，整个身体越圆越好。

技击应用：在坤宫之敌麻痹大意之时，我突然偷袭猛施杀手，以右脚面为着力点骈踢其下肢胫骨七寸处，要有快刀斩乱麻之势。

图 5-12

图 5-13

第 12 式　烈马二扬蹄

接上式，右腿收回，同时双手、左腿协同用力向右着地，腰身随即向右拧转，右脚、双手跟着向右着地，左脚背绷直，以脚背为着力点，借其向前翻滚之势对准 2 号桩东面下段约 12 寸处扫击，目视左脚。（图 5-14）

要点：拧腰翻转要迅速，左腿扫踢要用弹劲，腰、身、手、腿配合要协调。

技击应用：承上式，猛扫其右膝关节外侧。

第 13 式　烈马三扬蹄

动作同第 12 式烈马二扬蹄，方向左右相反。

第 14 式　盘根霸王肘

接上式，手脚协同用力，重心上起右移，右脚随即落于 2 号桩南面根部，脚尖里扣，使脚之内踝骨紧贴其桩成马步，同时屈肘借重心上起右移之势，肘尖对准其桩中段顶击，左手随即护于右拳面，目视右肘。（图 5-15）

要点：上起右移要迅速，肘击时要沉肩发寸劲。

技击应用：承上式，右脚顺势向后下捆住敌左脚后跟，同时以右肘顶击其胸窝心部。

图 5-14

图 5-15

第15式 黑虎两张口

1. 接上式，顺势向后转体、面向西北成虚步，同时右拳拳心朝上，收于右腰间，左手成八字掌随转体向左后方上起，再向左下方环形缠压于右膝前上方，劲在掌根，目视 7 号桩南面上段。（图 5-16）

2. 上动不停，右脚弧线向左朝前绕至 7 号桩北面，脚跟外展向后捆住其桩根北面，重心稍偏左，成探式马步。同时，左手向右收于右腋下，右手变八字掌自右腰间向左，再环形上起向右下缠压至右大腿上方，目视 7 号桩南面上端。（图 5-17）

图 5-16

图 5-17

3. 上动不停，重心上起右移，同时右手对准其桩上段南面叉击，在手触及木桩的一刹那，猛然扣指抓扣离桩顶端约 5 寸处，目视右虎爪。（图 5-18）

要点： 在右手环形缠压时，腰身要随右掌先向左拧转，再向右后拧坐，左右缠压和叉击抓扣要与身法、步法密切配合，动作要协调一致，快速连贯。

技击应用：兑宫之敌从我后方进右脚、出左拳朝我后脑击来，我速转身后倚，同时左手借势向外缠压敌拳腕，敌再以右拳朝我面门击来，我右手速上起向右下缠压其右拳腕，右脚同时插入敌右腿后，右掌叉击敌颈喉，并在触及其皮肤的瞬间扣指锁喉，左手随抓敌右腕向我之右侧推按，右手向左前方猛按。

图 5-18

第 16 式　铁拐李献拐

接上式，重心前上起，左脚提起，腰向左前拧转，右臂屈肘扫击 7 号桩东面上端，左手随即握拳收于左腰间，目视右肘。（图 5-19）

要点： 扫肘时，先屈肘向后，再上起向左前下方斜劈，动作要快速连贯，突然猛烈。

技击应用：敌出左手向其右前上方（我之左肩）推我之右手腕，我右手顺势屈肘，左手抓拉其左手腕，同时以右肘向左前下方扫击其左面耳门或颈部。

图 5-19

第17式 武松踢山门

1.接上式，重心上起，左脚向后撤步，同时向左后转体，右脚随之顺势向左随转体贴地滑至东南方，面向东北方成侧虚步，左手握拳跟着左向上起，再环形向右下上起至右肩前，右手拳向后顺右上起，再向左下方环绕至右膝外侧上方，头向右摆，目视9号桩西北面上段。（图5-20）

2.上动不停，左脚向右脚尖外侧盖步，两腿同时用力朝9号桩方向腾空蹿起，左腿屈膝控腿，右腿由屈到伸左向拧腰展髋，对准9号桩北面上段猛力侧骈踢，双手握拳，左拳护右腮，右拳护于右胯旁，目视右脚。（图5-21）

要点：双手环绕，顺左转体成侧虚步时，动作要圆转自如，协调一致。腾空要高，侧踢要借助右螺旋之势，使力从腰部转出。

技击应用：双手轮番环绕格挡敌偷袭之拳招，敌迅速退入离宫本位自守，我突然向右前上方蹿起，右脚侧踢其头面部。

第18式 黑夜鬼旋风

接上式，右腿借向左拧腰转体、蹬9号桩的反弹力之势，向里以足内侧为着力点，骈踢5号桩东面上段，目视右脚。（图5-22）

要点：借力转体，里合骈踢，要快速连贯，一气呵成。

技击应用：承上式，回身旋踢中宫之敌面门左侧。

图5-20　　　　　　　图5-21　　　　　　　图5-22

第19式　黑蛇反卷尾（左式）

接上式，右脚顺势下落，重心移于右腿，随即屈膝全蹲，脚尖立起为轴，左腿同时向左侧横踢，脚面贴地，双手顺左向后摆动，上体随即向左后拧腰转体，左腿跟着顺左向后贴地反扫3号桩南面根部，目视左脚。（图5-23）

图5-23

第20式　灵猴双抢蟠桃

1.接上式，重心上起，右脚随即后撤半步，左腿随势后拖，脚尖虚点地面成虚步，同时右手外向上起朝里搭手成勾，左手跟着向里搭手成勾，两眼目视3号桩头西面。（图5-24）

图5-24

2. 上动不停，右腿迅速蹬伸，左脚向前抢进半步成左弓步，同时双手外向抖腕成虎爪，使虎口一侧向上，爪心向前，右手在上，左手在下，对准 3 号桩头西面抢抓，目视右手。（图 5-25）

图 5-25

要点： 在虚步形成双手搭手成勾之时，要含胸凹肚，微收下巴；抢步上前与指内扣抓桩要协调一致，快速连贯，一步到位。

技击应用：在敌出双拳朝我上盘击来之时，我在向后下倚身卸招的同时迅速以双手勾搭其拳腕，并乘敌欲变招后退的瞬间，右脚抢进踏住敌前锋脚，右手对准敌鼻眼，左手对准敌咽喉发寸劲屈指抓扣。

第 21 式　双峰猛贯耳

接上式，双手变掌稍收回，再迅速向左右分开，并环形向前合拍 3 号桩头南北两面，目视桩头。（图 5-26）

要点： 合拍时要注意松肩、摇臂、甩腕。

技击应用：承上式，在我抓击敌面门、咽喉的同时，敌也做出快速反应。敌双手环起下压，欲挂我双手，我双手速向下收回，并向两侧分开，使其挂手落空，出其不意，掼拍敌两耳。

图 5-26

第 22 式　武状元翻书

接上式，左手屈臂朝下使掌心向外，随即内收至左胸前，右手同时上起向左下成虎爪挂压至左手腕上方，紧接着腰向右拧，左肩为顺，左手从右臂上翻出用陡弹劲，以掌背为着力点反拍 3 号桩头南面顶端，目视左拳。（图 5-27）

要点：动作要轻快、连贯、顺势。

技击应用：右手压敌上起之双分手，左手以掌背反拍其头前部顶门。

第 23 式　吊死鬼上门

接上式，左手屈臂向右下方挂下，右虎掌随即从左前臂里侧向前上，以掌根为着力点，猛然抖腕发寸劲推托 3 号桩头部南面，目视右掌。（图 5-28）

要点：右掌前推时，腰向左拧转，同时右肩前顺，左手收于右腋下。

技击应用：承上式，左手挂压敌手臂，右虎掌托击其下巴。挂压时要注意粘住敌腕臂，勿使其滑脱。

第 24 式　白日鼠钻耳

接上式，稍停，右脚向右侧前方斜进一步成右弓步，同时右手握拳、拧腰、摇肩、甩臂、抖腕，以拳背为着力点，摆击 4 号桩头东北面，左手不变，目视右拳。（图 5-29）

要点：摆击时，要借助右向拧腰转体之势，以肩带臂使右臂先屈后直，逐节向外甩摆而出。

图 5-27 图 5-28 图 5-29

技击应用：当巽宫之敌出右脚、以右拳从我右面直击过来时，我迅速右向转体进右脚，同时先以右肘尖外向击敌臂外侧肘关节处，并以右拳背指节骨根部突出处摆击其耳门或太阳穴。

第 25 式 武松醉捏喉

接上式，左脚朝右脚后偷步交叉，同时上体顺拧转，右拳（拳心向上）收于右腰间，左手变虎爪自右腋下从右臂上反手抓扣 4 号桩头西面，目视左虎掌。（图 5-30）

要点：右拳收握于右腰间时，要先变掌向外搂抓，然后拧收于右腰间，左右手要借叉步转体之势形成一股对争的力。

技击应用：右手搂抓敌格我右摆拳之右拳腕，同时左手反扣其喉腮部。

第 26 式 顺步再捏喉

接上式，右脚向右侧后方斜撤一步，同时左手逆缠握拳收于左腰间，右拳自右腰间变虎爪，使虎口向上，爪心朝前，对准 4 号桩头西南面抓击，目视右爪。（图 5-31）

要点：撤步抓扣时，要注意左转体顺右肩，动作要快而准，一步到位。

技击应用：在敌以左手上起格架我锁喉手的同时，我速将左手顺敌之左手绕而缠之，并将其向我之左下方拧转，同时用右手抓击其喉腮部。

图 5-30　　　　　　　　　　　　　图 5-31

第 27 式　仙人摘阴茄

1. 接上式，左脚顺左朝 5 号桩东南面横跨一步，右脚随之跟进，离左脚约一步，虚点地面，劲在左腿，似骑马式。同时，左拳变八字掌，掌心向外，朝 5 号桩东北面中下端扣指抓击，右手随即握拳收于右腰间，目视左手。（图 5-32）

2. 上动不停，右脚顺右横跨一步，左脚随之跟进成马步，同时左手握拳内翻、使拳心朝上收于左腰间，两眼目视 5 号桩东南面中上端。（图 5-33）

要点： 向左侧跨步抓扣与朝右侧横跨收爪，要轻灵快捷，协调连贯。

技击应用：中宫之敌欲驰援巽宫之敌的瞬间，我突然侧身抢进，以左手捶击或抓扣敌下阴，并迅速拧扯收回。

图 5-32　　　　　　　　　　　　　图 5-33

第28式　矮鬼坐打钟

1. 接上式，左脚向左侧进半步，脚尖外展，同时左向转体面向西北方，左手随即向里上起变八字掌转腕朝外，使掌心向前，虎口一侧朝上，高略与肩平，目视前方。（图5-34）

2. 上动不停，右脚朝西北方进步至5号桩西北面约3寸处落地，身体左转成马步，同时右臂屈肘对准5号桩东北面中下段盘打，左手随即护于右拳腕上，目视右肘。（图5-35）

要点： 左手向里上起转腕朝外时，要有揉粘缠压的拳意，右脚进步盘打敌右肘时，要快如闪电，寸劲突发，几乎在左手缠压的同时到位。

技击应用：左手反抓敌右腕向外侧拧转的瞬间，以右肘借进步转体之势猛击敌心口或腹部。

图 5-34

图 5-35

第29式　二龙双抢珠

1. 右脚尖外展，同时右向转体面向西北，左脚随即朝右脚尖外侧进步，身体继续右转面向北方，重心向右后下坐，左脚尖虚点地面，成左虚步，与此同时，右拳变剑指，随转体向外出腕上起架于右侧面，指尖朝前，手心向外，左手随即握拳自左向下、向右上起，再向左摆肘，前臂屈立，掌心向后，拳眼朝左，头向左摆，目视左侧1号桩南面中上段。（图5-36）

2. 上动不停，重心上起身体右转，左拳外丢向右下挂压至右胸前，右手剑指跟着外丢下落于右腰间，随即右脚蹬伸，左脚向前进步至 1 号桩南面约一尺左右落地成左弓步，同时右手剑指朝里转腕、从左前臂里侧穿出、对准 1 号桩头南面分指插击，目视右手二指。（图 5-37）

要点：虚步摆肘、架剑要轻灵自然，协调一致，成左弓步二指插击时要如枪弹出膛，飞奔而出，着眼点在于借右腿的蹬伸和拧腰顺肩之势，整个动作要于轻灵中求快，在缠揉中寓刚。

技击应用：左手挂压坎宫来犯之敌左拳腕的同时，右手二指分插其双目。

图 5-36

图 5-37

第 30 式　铁臂锁蛟龙

1. 接上式，重心后倚成高虚步，同时右手握拳向左屈臂收回，身体稍左转，左手随即变八字掌，自右臂外侧向外转腕上起、向左至左膝外侧前上方，掌心向前，虎口朝上，右手同时收于右腰间，拳心向上，目视右手虎口。（图 5-38）

2. 上动不停，左手继续向左下压并随即向外翻腕握拳（拳心朝上），收于左腰间，右脚贴左脚内侧向左脚尖前弧线进步至 1 号桩西北面时猛力朝 1 号桩北面斜线踏地蹬别，同时重心下沉，右手自右后向左前方环绕，以肘部夹住 1 号桩上端，右胯部顶住其桩西南面，猛力向左侧拧腰转体别摔，左手随即握拳收于左腰间，目视右肘部。（图 5-39）

要点：左手缠压时，要注意左前臂先向里转，再转腕朝外前下方滚粘，右脚进步时注意脚尖翘起，脚跟底部轻擦地（似擦非擦）至右脚接近其桩的瞬间才猛然发动蹬别，蹬别时脚掌擦地，脚跟外展上提，整个动作过程注意气、劲、手、脚、身的高度协调统一。

技击应用：承上式，右手收回避开敌抓我二指或手腕，左手环形滚压缠拿敌攻来之右拳腕，同时暗藏绕步夹颈抢摔的杀招。

图 5-38   图 5-39

第 31 式　黑狗猛钻裆

接上式，右手从 1 号桩脱出，猫腰下潜，双腿同时发动，左脚迅速朝 6 号桩东南面抢进，右脚随之跟进成拖步，同时含胸收腹上体下俯，双手环抱其桩下端，以肩顶撞其桩中下段，目视双手。（图 5-40）

要点：动作越快越好，肩部顶桩时要注意借疾速抢进的惯性前顶。

技击应用：在敌起腿或出拳向我上盘攻击的同时，我迅速下潜以迅雷不及掩耳之势抢入敌支撑腿外侧，双手制住其腿脚跟部，以肩对准其膝关节稍上之部位猛力撞击。

第 32 式　迅雷穿心指

接上式，两腿协同向后上用力，使重心向后上起，右脚随即稍向后滑动，左脚跟着后拖成虚步，同时双手变迅雷指，脚掌稍收回，紧接着向内出腕朝下对准 6 号桩东北面中下端穿击，目视双手。（图 5-41）

要点：迅雷指收回接出击，要快速连贯陡发寸劲，要在虚步形成的同时完成。

技击应用：如因上式速度稍缓给敌留下破解之机，我则应以更快的速度抽身后退，并以迅雷指在抽身的瞬间穿击其心口或胃部。

第 33 式　汉钟离翻扇

接上式，重心上起成高虚步，同时双手变柳叶掌自下贴腹经胸向上翻击，盖打 6 号桩头顶端，目视双手。（图 5-42）

要点：盖打时要注意松腕甩击，要轻快冷脆。

技击应用：承上式，上起翻打敌脑门。

图 5-40　　　　　　　　图 5-41　　　　　　　　图 5-42

第 34 式　顽猴顺抱桩

接上式，双手内翻，掌心向下，顺其桩西南下滑箍住桩头，并向内下用力扳压，同时重心上起向前，右腿自后向前上、对准其桩中段东北面屈膝顶击，目视桩头。（图 5-43）

图 5-43

要点： 箍桩顶膝时，两手掌根部要注意用力内含，肘部下沉并合于两肋处，要将箍扳含顶之力聚于一点。

技击应用： 承上式，顺势箍扳敌后颈，同时屈膝撞击敌小腹，心胃等要害部。

第 35 式　懒猴倒拔葱

接上式，右脚顺势下落与左脚平齐，间相距略宽于肩，同时重心下降，上体前倾，右臂反缠 6 号桩中段，使其桩头夹于右上臂与腋窝之间，双手倒扣其桩中下段，上体重心随即猛然后下沉，右上臂向后下方突然发力，双手同时向前上发力拔拉，目视右手臂。（图 5-44）

要点： 上臂要夹紧，发劲要突然，拔桩时双腿要借蹬地之势向后上方用力，要有将桩拔起向后下方掼出的拳意。

技击应用： 乘敌因腹部受击而前俯之机，我双手顺势向下从敌后腰反抱其小腹以下，猛力将敌拔起向后下方掼击。

第 36 式　猛鹰三摇头

1. 接上式，左脚向左前侧滑步斜进，右脚随之拖进成侧拖步，同时右手握拳前臂上起屈立，向左格划至左腋内下侧，左手握拳，随即从右臂外侧屈臂向左前侧格划至左膝外侧前上方，目视左拳。（图 5-45）

2. 上动不停，按此动作向右侧前方滑步斜进，以下动作与图 5-45 动作相同，左右相反。

3. 上动不停，左脚再向左前侧滑步斜进，右脚随之轻滑似双弓步，同时，右拳上起向左格划，经左胸拉回至右腰间，左手拳随即从右臂外侧向左前侧挂格至右膝前上方，紧接着右腿蹬伸发力，使上体拧腰左转成左弓步，同时左拳收于左腰间，右拳自右腰间向内悬腕对准 7 号桩东面上端冲击，目视右拳。（图 5-46）

要点： 在向左右斜线滑移时，上体头部要注意随势向左右晃动斜倚，要注意动作的轻灵飘闪、快速连贯和展地拧腰的发劲之势。

技击应用： 要在连续闪移挂格敌拳招的同时，步步紧逼，在敌后退重心失去平衡的瞬间，出拳击敌面门。

图 5-44

图 5-45

图 5-46

第 37 式　小鬼踢门

接上式，重心上起，双拳收于左腰侧，同时右腿屈膝上提，脚尖外摆上勾，紧接着双手环形上起向右后下方格划，右脚同时以脚底后半部内侧为着力点，骈踢 7 号桩东北面下端离地约七寸处，目视右脚。（图 5-47）

要点：在重心上起双手摆于左腰侧时，腰要向左拧，在双手向右后方格划、右脚骈踢木桩时，腰要向右拧，提脚与踢击要快速连贯，不可脱节。

技击应用：承上式，敌起右手挑格我右冲拳，我随即以右手反抓其右手腕，左手抓扣其肘关节向我左后方拧转牵拉，同时起右脚内骈其前锋脚胫骨七寸处。

图 5-47

第 38 式　无常勾魂

接上式，左脚掌碾地使脚跟向内转动，同时腰身向左拧转，右脚随之收回稍向后屈膝反提，紧接着朝 7 号桩西北面根部勾踢，目视右脚。（图 5-48）

要点：勾踢时，要借左脚展地与拧腰转体之势，向左侧后上方勾而踢之。

技击应用：承上式，敌欲提腿向后将手挣脱之时，我顺势松开敌之手，同时起右腿勾踢其支撑腿。

第 39 式　懒驴弹腿

接上式，右脚顺势向里收回随即屈膝上提，紧接着展髋拧腰，右脚横向对准 7 号桩东面中段猛力侧骈踢击，目视右脚。（图 5-49）

要点：右腿收回上提时，左脚跟稍向外展，上体同时向右拧转，在右腿顺势侧踢时，左脚腰用力蹬展地面，使力起于左脚从腰中转出，达于右脚。

技击应用：在敌连续受击立足不稳的瞬间，我乘胜追击，右腿先收回再侧踢敌腰部或腹部。

图 5-48　　　　　　　　　　　　　　　　图 5-49

第 40 式　白蛇吐芯

接上式，右脚直接收回，朝左脚外侧盖步成交叉步，同时上体右转，双手变掌，左手护于右腋，右手成蛇形掌贴右胸上起，从左前臂内侧穿出对准 7 号桩头东面吐掌点击，目视右手。（图 5-50）

要点：吐掌似蛇奔，灵敏加冷脆，屈中要求直。

技击应用：我左手向右下推按敌右拳腕的同时，右手疾速从左臂上穿出，状如白蛇吐芯点打敌咽喉等要害。

第41式 肘底看镖

接上式，身体左转360°成歇步，同时随转体左手向左环形屈臂撑架于左侧方，高与头平，右掌顺势贴腰身向左穿插至左腰肋旁7号桩东面中段，指尖点桩，掌心朝上，目视左掌。（图5-51）

要点： 旋转360°要一步到位，速度要快，歇步要稳，左掌标击7号桩时，要借助其左向旋转的势，绝不可等旋转到位后再出掌标击。

技击应用：借旋转之势左手滚臂盘架敌拳招的同时，以掌状如飞镖标出点击敌软肋等要害。

图 5-50

图 5-51

第42式 猛虎翻身

双掌变拳，重心上起，随即上体右转面向东，右脚向右侧横开一步，脚尖外展，同时右拳屈立，前臂自左下向右上格挂，左手拳顺势下落于左腰间，紧接着左脚向右脚尖前进步，脚尖里扣，同时身体右转面向南方，左手跟着上起，屈立前臂顺势向右格划至右肩前，拳心向里，高与腮平，右手拳随即收于右腰侧，紧接着腰向右后拧转，双摆至右后方，右腿跟着顺右向后上方对准8号桩头北面摆踢，右手拳护于右胯处，左手拳护于右腮，目视右脚。（图5-52）

要点： 连续走步、转体要快速连贯；双脚掌与腰部要如轮轴般灵活自如；后摆踢要借旋转之势踢击。

技击应用：顺敌拳腿外侧滚进的同时，起右腿反踢其右后颈部或侧面耳后等部位。

图 5-52

第 43 式　排山倒海

1. 接上式，右脚顺势向右后下落，右后下坐成虚步，同时双拳变掌，左掌上右掌下，使掌根对贴成叠掌并收于右腰间，头向左摆，目视 8 号桩西面中上段。（图 5-53）

2. 上动不停，上体左转，同时左脚向左侧进步，右腿随势拖进成拖步，双叠掌自右腰间转腕，使右掌在上左掌在下，朝左侧前方推按至左膝前上方，目视双掌。（图 5-54）

3. 上动不停，再向右侧前方重复以上动作。动作相同，左右相反。

4. 上动不停，左脚对准 8 号桩西面根部抢进，脚尖外展至离其桩约一脚之距落地，右腿随之跟进成歇步，同时左掌掌心朝里成横掌，自右向左环形绕至其桩东面根部，右掌变横掌使掌心朝外，移至其桩西面下段离地约一尺三寸处，左手向里、向上用劲，右掌向前向下用劲，两手同时发劲合击 8 号桩根节，目视右掌。（图 5- 55 ）

要点： 在以双叠掌左右抢步挤按时，要注意沉肩坠肘。借抢步向前之势旋掌挤按，要有使掌按至敌肌肤的瞬间产生一股巨大的连绵不断的厚重之力向前挤去之意念。在左手向里上搬其桩根部、右手向前下推其桩中下部时，上身要有向前下扑压之势。

技击应用：在敌矮裆向左右闪移之时，我随影附形，以双叠掌朝敌小腹丹田处旋掌挤按。敌后退闪飘，我乘胜追击，左手制其脚后跟，右手推按其膝关节正面稍上，上体猛力前扑，将其彻底扑倒。

图 5-53

图 5-54

图 5-55

第 44 式　双龙入洞

接上式，上体上起，双掌变拳同时环形向上，使拳心向下，以拳面合击 8 号桩南北两面中段，目视此桩西面中段。（图 5-56）

要点：合击时要先开后合，且动作幅度不宜过大，要紧凑有力，含胸圆背。

技击应用：以双拳击敌左右腰眼。

第 45 式　狸猫上树

接上式，两腿协同用力使重心迅速上起，在双腿接近直立的同时，右拳向外上起再向左下挂压，左拳自右前臂内侧穿出成立拳，对准 8 号桩西面约七寸处发寸劲撞击，目视左拳。（图 5-57）

图 5-56

图 5-57

要点：挂右拳时腰向左转，出左拳时腰向右转，腰要松活，拧转自如。

技击应用：右拳环形挂压以防敌招，同时以左立拳撞击其咽喉部。

第46式　鬼手摘星

接上式，左手拳顺势向右下环压，同时右拳变鬼头指自左前臂上穿出成立式，以鬼头指为着力点，对准8号桩西面离桩顶端约三寸处甩腕点击，目视右手。（图5-58）

要点： 在以鬼头指敲点时，注意放松手腕，要有将拳指甩脱的拳意。在指点击中桩头的瞬间，要有紧腕将其收回的拳意。

技击应用：承上式，左手贴近敌面环挂，右手以鬼头指截点其眼。

图5-58

第47式　鬼儿叩门

1. 接上式，右拳屈臂向里收回至左肩前，随即向右屈立挂格，同时左向转体面向西北方1号桩，右脚向左脚外侧进步，目视右拳。（图5-59）

2. 上动不停，左脚向右脚尖前进步，脚尖外展，同时左拳向左下挂压至右腹前，右手拳收于右腰间，目视左手。（图5-60）

3. 上动不停，紧接着左向拧腰，重心向下成歇步，同时左拳向外悬腕收于左腰间，右手鬼头指自右腰间借势对准1号桩中段穿击，目视右手。（图5-61）

要点：格手挂压与左右进步要协调一致，连绵不断，密不透风。

技击应用：我迅速反身，同时封格从我后方偷袭之敌的拳招，并以鬼头指借突然螺旋下潜之势截击其小腹丹田。

图 5-59　　　　　　　　图 5-60　　　　　　　　图 5-61

第 48 式　鬼扇阴风

1. 接上式，重心稍上起，左脚随之向后撤步，右脚跟着回拖，脚尖虚点地面成虚步，同时右鬼手变掌，顺左向环形上绕、向右、向下至右膝前，小指一侧向里，掌心斜向前上方，左拳亦同时变掌，跟着自左侧上起向右，立掌于右肘内上侧，目视 1 号桩中段。（图 5-62）

2. 上动不停，右脚向内急进，左脚随之跟进成坐式马步，同时右掌随向前、向下、再向前上弹挑 1 号桩中下段，目视右掌。（图 5-63）

要点：右肘绞缠时，要有粘连吸揉之拳意，撤步绞缠与抢进弹挑要注意由慢而快、由柔而刚的连续性。

图 5-62　　　　　　　　　　　　图 5-63

技击应用：敌若以右拳朝我中盘击来，我在后撤的同时以右手环起绞缠敌前臂，并顺势抢进，以右掌抖腕弹挑敌下阴。

第49式　小鬼点灯

接上式，顺左向后转体成歇步，同时左手握拳上起，使前臂屈立随转体向左挂格至左肩侧，右手变鬼头指跟着屈臂回收，随转体贴左肘下对准8号桩西面中下段截击，目视右手。（图5-64）

要点：转体要迅速，歇步要稳。左臂挂格与右鬼头手截点时要注意贴紧身体。

技击应用：敌从后用右脚向我中路踢来，我迅速屈左臂，借左向拧腰转体之势挂格敌踢来之右脚，同时用右手以鬼头指顺转体惯性，截点敌下阴。

第50式　小猴看书

1.接上式，稍停，左腿屈膝全蹲，右脚随之稍提离地，脚尖里扣，紧接着贴地对准9号桩方向铲出，同时右手握拳收于右胯间，左手拳勾起护于右肩前，右手拳心向里，左手拳心朝右，目视右脚。（图5-65）

2.上动不停，重心稍起，移于右腿，身体随即右转，面向西方，同时左脚提至右小腿内侧，脚尖内扣，脚向内翻，使脚外侧向下，紧接着右腿屈膝全蹲，左腿同时以脚底平贴地面顺左对准9号桩方向铲出，随即右手拳心向左护于左腮，左手拳心向里护于左胯处，头向左摆，目视左脚，与图5-65动作相同，左右相反。

3.上动不停，重心上起左移，同时左脚尖外展，身体随即左转，面朝西方，右脚跟着向后上方反向上提，脚尖勾起，自右后稍向外成弧线，以脚跟底部于左脚尖内侧前方轻轻擦地向左侧前上方勾踢，同时左手向右上起护于右腮旁，右手向右下护右胯，紧接着上体右转，右脚外展向右摆扣下落成右摆步，同时，右手拳心向上环形朝左从右臂外收于右腰间，左手拳心向里自右臂内侧穿出以拳背为力点，发弹劲自上而下翻打9号桩北面中上部，目视左拳。（图5-66）

要点：连续两个左右矮蹲裆侧骈踢与摆步翻捶，要轻灵敏捷，快速连贯，一气呵成。

技击应用：用矮桩连续侧骈踢敌足踝部，在敌准备向其左后方撤步的同时，我速起右脚勾踢其左足跟外侧部，若敌提左脚而闪避，我顺势向右摆扣下落捆住敌右支撑腿，同时以左拳翻打敌心口。

图 5-64

图 5-65

图 5-66

第 51 式 丹凤盘翅

接上式，左脚向右脚前进步，脚尖外展成摆步，同时腰向左转，右手拳心向下，屈肘向前盘打 9 号桩西面中段，左手随即收于腰间，目视右肘。（图 5-67）

要点：右肘盘打时，要注意借拧腰顺肩之势。

技击应用：承上式，以右肘继续盘打敌左侧软肋等要害。

图 5-67

第 52 式 雄鹰冲霄

1. 接上式，重心稍上起，同时双手变虎掌，于左胸前交叉，右手在里，左手在外，紧接着左脚朝右脚后撤一大步，重心随之后下坐，右脚顺势回拖，脚尖虚点地面成虚步，同时右虎掌自左臂内侧如内圈手样向前圈出，左虎掌从右臂外向里圈至右上臂内侧，两眼目视前方 9 号桩中上段。（图 5-68）

2. 接上式，双腿用力向后蹬地，使身体向前腾空跃起，同时双虎爪各自向下分开，然后环形上起合于胸前，左腿自后下向前上屈膝上冲，在左膝冲到顶点，撞到 9 号桩头北面的瞬间，双手猛然下压至左大腿两侧，目视桩头。（图 5-69）

要点：冲膝时，要注意挺胸收腹，在冲膝达到顶点的一刹那，要务必使左小腿尽力向内屈紧，这样就会突然加强膝头的攻坚硬度。

技击应用：当敌以双拳同时向我胸部冲来时，我在双手环形挂压敌双手的同时，猛然以膝盖冲击其下巴，或双手主动抓住敌后顶头发，以膝盖冲击其面门。

第53式　兔子蹬鹰

接上式，右脚顺势下落，左脚随即向后落于右脚内后侧，同时右脚脚尖上翘，提膝向前以脚掌前沿为着力点对准9号桩北面中下段踢击，双手拳随即各收于腰间，目视右脚。（图5-70）

要点：右腿要在左脚落地的同时屈膝上提，在后腿向前正面踢击时，要注意借左脚碾地蹬伸与转腰顺髋之势。

技击应用：趁上式左膝冲击敌头面致敌后仰之机，迅速以右脚踢击其裆部或腹部。

　　　图5-68　　　　　　　　　图5-69　　　　　　　　　图5-70

第54式　白浪滔天脚（右式）
动作同第8式白浪滔天脚（左式），方向左右相反。

第55式　天门踢绣球

动作同第7式天门踢绣球。

技击应用：紧接上式，仍以右脚侧踢敌头面部。上三式为单腿连环三击，需直接回收再反击，要求三式动作快速连贯，一气呵成。

第 56 式　白虎抢喉

接上式，右腿屈膝回收，同时头向左摆，目视 4 号桩，右腿随即对准 4 号桩西面进步成右弓步，同时右手变三星锁喉指，自右胯处对准 4 号桩离其桩顶端约 7 寸处锁指扣击，左手随即变掌拍搭右肘上部，协助右手迅速向回勾拉，目视右手三星锁喉指。（图 5-71）

图 5-71

要点： 在右手三星指锁扣其桩的过程中，要注意在三星指接触至木桩之时，拇、食、中三指皆要伸直向前插去，在触摸到其桩的瞬间猛然紧指内扣。在向回勾拉时，要注意向后下方沉肩坠肘。

技击应用：在巽宫之敌欲驰援离宫之敌的同时，我突然以三星指抢扣敌咽喉。

第 57 式　黑羊扭头

1. 接上式，左脚向左前方（4 号桩北面）斜线横脚伸出，同时重心横移成横裆步，左上臂夹紧变柳叶掌，紧接着向外旋腕，使掌心向上，自右上臂上方向左侧下方直腕摆至左大腿外侧上方，肘部微屈，掌心斜向左上方，目视左掌。（图 5-72）

2. 上动不停，左手掌自左侧下方向外斜线上起，从 4 号桩东北面绕到近其桩南面的瞬间，突然向内下斜线扣腕成勾手勾住 4 号桩上部离顶端约 7 寸处，同时右手变刺刀掌使掌心向上，上臂收紧，前臂直向右上方斜线摆开，头部也同时向右下方甩摆，目视左手勾尖下方。（图 5-73）

要点： 在左臂直摆至左腿外侧上方时，上体头部也要随向左侧下方甩摆。在左手从北向东绕向南面成勾之时，要注意贴住其桩并快速环绕。

技击应用：承上式，敌头颈向东北方斜倚的同时，我左脚迅速向东方伸出，同时左手绕敌后脖颈，扣住其右腮缝穴处向右后上方扭扳。

图 5-72

图 5-73

第 58 式　屠夫杀心

接上式，右肘向右前上方摆击，前臂直腕向内小摆至右胸前离身体约 10 厘米处，紧接着对准左手勾尖下方（西南面）约七寸处斜线插击，头向左侧下方甩摆，目视右掌指尖。（图 5-74）

要点： 右前臂直腕向内下摆动与插击要连续不断，不要出现滞留脱节的现象。

技击应用：承上式，以刺刀掌插击敌胸口。

第 59 式　武松脱锁

接上式，左脚朝右脚后撤步，右脚尖外展并右向转体成摆步，同时左手变虎掌，掌心向下，直接从桩头上绕过至右肘上弯处，右手也随即变虎掌，掌心朝上，接着左掌自右前臂上顺势向前对准 4 号桩西面中部削击，右虎掌随即收于右腰间，目视左掌。（图 5-75）

要点： 左手削掌与右手成虎掌回勾收于腰间，要在向右转体成歇步的同时到位，否则动作就达不到协调统一，就无法借助运动中的势。

技击应用：承上式，若敌以左手反扣我右手腕脉，我在右手勾指回拉的同时，用左掌削击敌手背之筋脉。

第 60 式　老子取丹

接上式，身体左转，左脚踏实，同时重心向左后坐下，右脚随之稍后拖，脚尖虚点地面成侧虚步，左手随即向外翻腕使掌心朝上收于左腰间，右手同时向内翻腕，使掌心朝下成横虚掌，对准其桩西面中部，以掌外沿根部为着力点抖掌坐

腕按击，目视右掌。（图 5-76）

要点：抖掌坐腕按击时，要注意借错腰顺肩之势，要有在掌根击至木桩时继续沉肩向深处吐劲的意和势。

技击应用：乘上式敌右手上缩之机，以右虎掌推按其小腹丹田处。

图 5-74

图 5-75

图 5-76

第 61 式　丫环踢门

1. 接上式，稍停，左脚尖外摆，自左后向右脚前扣步，双腿随即屈膝向外成拐步，同时右虎掌自右侧下方向外旋腕与左虎爪同时向内上起托扣，双肘贴靠左右肋，虎口向上，高与腮平，目视双手间。（图 5- 77）

2. 上动不停，双虎掌迅速向内翻腕下按，肘部外撑抬平，掌指相对，同时重心移于左腿，右脚自后将脚稍提起绷平，五指拼紧内屈对准 3 号桩西南下段离地 7 寸处钻击，目视右脚。（图 5-78）

要点：钻踢时腿要踢伸，支撑腿要注意下裆，使大腿成水平。

技击应用：上托、环压敌朝我攻来的拳招，同时以右脚尖为着力点钻击其胫骨 7 寸处。

图 5-77

图 5-78

第 62 式　迅雷穿心指

接上式，右脚顺势下落，脚尖虚点地面成虚步，同时体稍向前倾，双手十指向内屈紧成迅雷指，对准 3 号桩西南面中段截击，目视双手。（图 5-79）

第 63 式　罗汉撞钟

接上式，左腿稍伸使重心向前运动，同时右脚顺其桩东南侧猫腰抢至其东北面，双手随即环抱其桩中下部，紧接着双腿同时向前上用力，双手向后上用力扳提，头顶部对准其桩中上部挺腰直脊顶撞。（图 5-80）

要点： 猫腰进步抱桩要低轻快巧，头部顶撞要借猫腰向前运动之势。

图 5-79

图 5-80

技击应用：承上式，我迅速猫腰抢步抱住敌后腰或双大腿后根部，借双腿前上的冲力撞击敌心口等要害。

第64式 青蛇出洞

1.接上式，迅速拧腰左转，面向西北方，左脚尖外侧虚点地面成高位侧虚步，同时左手握拳，拳心朝里，收提于左胯侧，右手握拳，拳心向里，护于右腮旁，头向左摆目视2号桩头东北面。（图5-81）

2.上动不停，紧接着左脚跟踏实，脚尖外展，上体同时左转，随即屈膝向下成摆步，左手拳心向里上起护于左腮旁，右手拳心向里护于右胯处，上体斜向左前方，头向右摆，目视2号桩东面中段。（图5-82）

3.上动不停，迅速以右肩背顺右着地对准2号桩滚翻一周，手腿协同用力使身体迅速上起，左腿立地支撑，右腿随即屈膝上提，横脚以足底为着力点朝2号桩头东面侧骈踢，同时左拳拳心向外护住右腮，右拳姿势不变，目视右脚。（图5-83）

| 图5-81 | 图5-82 | 图5-83 |

要点：翻滚时，身体要像一个圆球。侧骈踢要充分利用快速滚动向前而起的惯性和左腿的蹬伸与拧腰转体之势。

技击应用：我突然下潜滚进，抢攻敌下盘的瞬间，猛然上起，出其不意以右脚侧踢其头面、下巴等部位。

第65式　白浪滔天脚（左式）

动作同第8式白浪滔天脚（左式）。

第66式　乌龙摆尾

接上式，左腿顺势向右脚外侧落地，同时顺右向后转体面向东北方，随即重心稍下沉，两腿协同用力蹬地，顺右向后腾空，以右脚底部为着力点，反扫2号桩头南面，目视右脚。（图5-84）

要点：腾空后扫踢时，要使上体借双腿的蹬地之力，先向后上方翻转带动下肢顺右向后上方的运动之势。

技击应用：承上式，以迅雷不及掩耳之势，用腾空一次反踢击、再两次踢击其右面部。以上三式为双腿连环技击法，必须做到快速连贯，劲势完整，一气呵成！

第67式　顽猴攀崖

接上式，左脚顺势下落，右脚跟着收回下落，同时双手反扒2号桩上端北面，左腿也同时屈膝横向顶击其桩中段南面，目视左手。（图5-85）

要点：双手反扒拉时，要注意向左后下方拧腰顺肩。双手扒拉如转磨，拧腰顺肩抢敌前。

技击应用：在双手扒拉敌头顶部时，起横膝顶击敌软肋处。

图5-84

图5-85

第68式 懒汉翻身

接上式，右脚跟地内旋，上体随之顺左向后翻身转体，同时左脚直接随转体向后撤步成左弓步，左拳随之上起顺左向后朝5号桩头东南面斜线反劈，右手握拳，拳心斜向左下方，跟着架于右侧上方，目视左拳。（图5-86）

要点： 翻要转体时，要注意顺左向后上进而朝后下方的运动路线，劈拳要借其弧线运动的惯性。

技击应用：接翻转之势以左前臂或肘部击开敌拳招的同时，甩腕抖拳劈击其左侧颈面部。

第69式 顺风挂彩

接上式，腰身继续向左下翻转成摆步，同时左拳收于左腰间，右拳随即向外上起，再朝左前下方对准5号桩头东南面斜线挂击，目视右拳。（图5-87）

要点： 在右拳接近桩头的瞬间，突然向内下扣腕屈臂。以拳指根节骨突部挂击桩头东南面。

技击应用：承上式，以右拳继续挂击其左面耳门、太阳穴等要害部位。

图5-86

图5-87

第70式 顽猴攀崖

动作同第67式顽猴攀崖。

第 71 式　倒踢香火炉

1. 接上式，左脚尖内扣，脚跟向外展蹬地，同时顺右向后翻身转体成右弓步，右手拳随之上起向后托臂，随即拳心朝上收于右腰间，左手拳跟着抡臂上起向右下以拳轮朝下托劈于右膝上方，头顺左后摆，目视后方。（图 5-88）

2. 上动不停，身体顺右后转，右腿随即对准 5 号桩西南中下部反向撩踢，同时左手拳心向外护于右腮旁，右手拳心朝里提护于右胯侧，头顺右后摆，目视右脚。（图 5-89）

要点：托臂与撩踢要快速连贯、不可脱节。撩踢时上体顺势向左前倾，注意松腰顺胯。

技击应用：在以双手臂抡起顺挂敌双手连续攻击的同时，反身撩踢其裆部下阴。

图 5-88

图 5-89

第 72 式　顽虎卧巢

1. 接上式，右脚向左脚前进步，脚尖里扣，重心随之落于两腿之间，同时双手变虎掌，右手掌自右胯处向外朝前弧线运动至左前方，左手跟着下落至右腋下，目视右手。（图 5-90）

2. 上动不停，左脚贴右脚内侧擦地向左前方（9 号桩正南方）弧线滑进，脚尖外摆，同时左手自右腋向右向前再向左弧线收回划圆至左胸侧前方，右手自左前从左臂上向左朝里经胸前、再向右向前环形运动至右胸侧前方，双手臂弯曲成环，掌心向下，高与胸齐，离胸部约 30 厘米，目平视前方。（图 5-91）

图 5-90

图 5-91

3. 上动不停，右脚再向左脚内侧前进步，脚尖里扣，同时双手掌向外丢腕使掌心朝上，随即各自握拳收于腰间，目视前方。（图 5-92）

4. 上动不停，以双脚掌为轴，迅速顺左转体向后面向北方，同时屈膝向下成歇步，双虎掌自腰间同时对准 9 号桩中下段以掌根为着力点，平行相拼立掌推击，目视双虎掌中间。（图 5-93）

图 5-92

图 5-93

要点：连续三次进步都要走弧线，且贴地滑行，注意整个动作轻快松活、圆满自如的协调性。

技击应用：在敌左拳向我击来之时，我顺其臂外至其背后，以双虎掌击其后腰等要害部位。

收势

接上式，左脚朝右脚后撤，随即重心后移下坐，劲在左腿，右脚跟着回拖，右脚尖虚点地面成右虚步，同时左手变柳叶掌自前下落顺左向后上起、向前向下环形立掌于离右胸约 20 厘米处，右手亦同时变拳跟着下落，向里经腹上起、向前下翻打于右膝上方，两眼平视 9 号桩中段。再自九还一，按原动作打回，恢复成自然意守桩，静守 3~5 分钟，再做自由活动。（图 5-94）

图 5-94

三、心法歌诀

七十二式地煞术，哪里需要哪里有。阵势变化要清楚，明辨虚实莫乱走。
上下左右分阴阳，拳腿肘膝处处长。高来低就不慌忙，避实击虚招招强。
以弱胜强在灵活，闪躲圆滑如转磨。敌强我弱在于多，拳如发机打必着。
吾师传我自然拳，虎眼陡卷敌胆寒。左实右虚翻锤现，右腿一踢钻丹田。
右步左拳打印堂，左掌斜飞击太阳。只为生门敌逞强，右腿突骈断柱梁。
顺势反骈踢后方，鸳鸯双飞奔中堂。苍龙出海奔天门，白浪滔天左右分。
黑蛇尾卷天蓬星，团身抢急偷袭坤。烈马回头三扬蹄，捆腿横肘怀里去。
左右逢源锁扣急，肘扫耳门出敌意。飞身右骈袭景门，旋身反踢天禽星。
顺势下落脚似钉，黑龙摆尾扫脚跟。灵猴缩身把脸变，上树抢桃快似电。

双峰贯耳往上看，出手快如蛇吐箭。连环猛击不留情，瞬间重创天冲星。
右步斜进踏杜门，翻锤打耳本事真。左叉右箭掏鱼鳃，仙人摘茄鬼打钟。
中宫出来驭彩云，二指点灯驾马摔。摔跌天道进天门，天心早已吓掉魂。
黑狗钻裆右肩撞，迅雷指敲捣中门。上拍百会中冲心，坐马倒摔武艺精。
闪左打右虚实分，骈勾连环蛇吐信。大破惊门天柱星，尾如钢鞭虎翻身。
左摇右晃排山掌，狸猫上树摘天星。生休二门同根生，一招三式鬼点灯。
小猴看书到景门，悟空腾云上天庭。行者找到天辅星，勾插连环锁喉门。
伤门天冲把门关，破锁踢门头顶天。夜袭死门滚身起，踢面弯膝撞膛边。
撩衣捡柴反身走，金猴倒踢紫金炉。踏破中宫牵青牛，环山激水猛回头。
景门天星又派兵，沉香排山定乾坤。原路打回不费心，休养生息统三军。
左有三十六天罡，右有七二武艺强。神兵百万胸中藏，从此天下把名扬。

第六章 自然门轻功

轻功是传统武术中一种独特的功法。轻功练习繁琐而辛苦，不易练成，但历代武术名家都十分重视轻功的练习。自然门轻功练习方法比较多，本章主要介绍走木盆、走簸箕、杜氏跑球轻功训练法等。

第一节 基本功练习

一、坐盘

坐盘主要有单盘腿、双盘腿两种。坐盘之时，要求以目视鼻，以鼻子对肚脐；两手手心朝上，十指相对；先牙齿咬紧吸气，再嘴巴撮圆吹气；用顺呼吸法，吸气时肚脐鼓起，呼气时肚子凹下；一吸一吹为一息，连续做 36 息。（图 6-1）

还可以采用马步桩练法。站桩之时，要求以目视鼻，以鼻子对肚脐；两手手心朝上，十指相对；先牙齿咬紧吸气，再嘴巴撮圆吹气；用逆呼吸法，吸气时肚脐凹下，呼气时肚子鼓起；一吸一吹为一息，连续做 72 息。（图 6-2）

要点：坐盘之前，要做正压腿、侧压腿、正踢腿、侧踢腿、外摆腿、里合腿、后撩腿、前控腿、后控腿、侧控腿、朝天蹬等柔韧性训练。

图 6-1

图 6-2

二、大鹏展翅

开立步，两脚比肩略宽，双手缓缓向身体两侧提起，侧伸两臂，状如大鹏展翅，故名。双手缓缓向身体两侧提起时，牙齿咬紧吸气，再以鼻孔缓缓呼气；侧伸两臂，一起一伏；两臂抬起时吸气，念想外气从手心劳宫穴、循手厥阴心包络经吸入胸窝膻中穴内的中丹田；两臂落下时呼气，念想气由胸窝膻中穴内的中丹田、循原路从手心劳宫穴排出体外。（图 6-3）

图 6-3

三、狮子抱球

1. 自然开步站立，两脚十趾抓地，扣紧涌泉穴，头往上顶，其状犹如头悬梁；两腿屈膝半蹲；两手自然垂下，掌心朝下，指尖朝前；臀往下沉，其状如同坐着一个空板凳。目平视正前方。

2. 接上动，向左横开一大步，成开立步。两腿半蹲，胯下状如骑着一个圆球；双掌掌心朝上，自腰部向身体两侧缓缓抬起，当高度超过头顶时，再转掌心相对，缓缓向眼棱骨前上方稍稍靠近，形成一个双手抱大酒坛子的手形，抬头仰视大圆球的球心；沉肩坠肘，状如两腋下各夹着一个小球；在眉心印堂穴与枕骨玉枕穴

之间还有一个念想的小球。（图6-4）

图 6-4

3. 接上动，呼气时，身体稍稍向后倾，同时念想有一个较小的钢珠向后撞击头里气球后端的枕骨玉枕穴，这是第一个念想；同时念想两手不小心松开一个即将坠落的大酒坛子，大酒坛子在空中陡然坠落，这是第二个念想；两肘下压，念想两肘各自松开一个气球，气球在空中陡然坠落，这是第三个念想；两腿半蹲再往后下蹲一点，念想胯下坐着一个气球，这是第四个念想；头向下挤压，屁股向上顶拱，念想头顶与屁股之间有一个圆柱被挤而缩短，这是第五个念想；肚脐上的中腹凹下，念想上丹田里的蓝色气球、中丹田里的黄色气球、下丹田里的红色气球将一道蓝光、一道黄光、一道红光自头顶百会穴依次射向天空，这是第六个念想；这六个念想，要一个一个念想清楚。

4. 接上动，吸气时，身体稍稍向前倾，同时念想有一个较小的钢珠向前撞击头里气球前端的眉心印堂穴，这是第一个念想；同时念想两手用劲掐住一个即将坠落的大酒坛子的脖颈，使其不再坠落而稳稳地停在空中，这是第二个念想；两肘下压，念想两肘各自夹紧一个气球，这是第三个念想；两腿半蹲再往下蹲一点，念想胯下坐着一个气球，这是第四个念想；头向上顶，屁股向下沉，念想头顶与屁股之间有一个圆柱被拉长，这是第五个念想；肚脐上的中腹鼓起，念想上丹田里的蓝色气球、中丹田里的黄色气球、下丹田里的红色气球，在黑夜里将天空中的一道白色电光自头顶百会穴依次吸入上丹田、中丹田、下丹田里，这是第六个念想；这六个念想，要一个一个念想清楚。

第二节　走木盆、走簸箕

一、走木盆

准备一个大木盆，盆里放12个大铁环。每个铁环的重量是2公斤。在每天清晨、下午、晚上，各安排一个时辰，上木盆走圈（图6-5）。动作熟练之后，每3个月从木盆里拣出一个铁环，一年共拣出4个铁环，3年拣出12个铁环，然后就可以在空的木盆边走圈自如了（图 6-6）。

二、走簸箕

从第四年开始，将木盆换为竹簸箕，练习走簸箕。准备一个竹簸箕（直径约 2 米），竹簸箕里放 12 个大铁环。每个铁环的重量是 2 公斤。在每天清晨、下午、晚上，各安排一个时辰走簸箕练习。动作熟练之后，每 3 个月从竹簸箕里取出一个铁环，一年共拣出 4 个铁环，3 年取出 12 个铁环，然后就可以在空的竹簸箕边走圈自如了（图 6-6）。

图 6-5   图 6-6   图 6-7

第三节 杜氏跑球轻功训练法

杜氏跑球轻功训练法是恩师杜飞虎先生所传。跑球时全身放松，将气提到肩井穴，再从手心劳宫穴发出；将气提到上丹田，以采天阳之气。跑球是气的运行方法，要求在跑球时脚心涌泉穴与足球摩擦而产生气感。

先准备 42 个足球，42 个水泥坑，每个水泥坑刚好能够放下半个足球。20 个足球排成一个长队，共排两个长队。在两个长队的第一行和最后一行的中间向前半米的两个足球坑里，各自摆放一个足球。每两个足球之间相距 0.5 米；每两行足球之间相距 1 米。将 42 个足球排成一个长长的六边形。

一、提气走球

1. 从第一个足球开始走，用高桩步。上左步，左脚踏在第一个足球上，右手前探，左手向腰部后下摆动；两眼平视。（图 6-8）

2. 上右步，右脚向前踏在第二个足球上，左手前探，右手向腰部后下摆动。两眼平视。（图6-9）

3. 接上动，左脚踏在第三个足球上，右脚向前踏在第四个足球上，两眼平视。

4. 按这个办法，不停地向前走。要求每次训练能够在42个足球上走满100圈。

要点：走球时，要求像在云雾里或者海绵上行走那样，提着一口气，将气从脚底涌泉穴向上提到腹部、胸部、头部。提气走球三年，能够使身体轻灵如飞，飘飘然如飞鸟即将起飞。

图 6-8

图 6-9

二、沉气走球

1. 从第一个足球开始走。右脚踏在第一个足球上，用矮裆步，上左步，左脚踏在第二个足球上，右手前探，左手向腰部后下摆动。（图6-10）

2. 接上动，上右步，右脚向前踏在第三个足球上，左手前探，右手向腰部后下摆动。两眼平视。（图6-11）

3. 接上动，左脚踏在第三个足球上，右脚向前踏在第四个足球上，两眼平视。

4. 按这个办法，不停地向前走。要求每次训练能够在42个足球上走满100圈。

要点：沉气走球时，要求像在冰上行走那样。刚开始练习比较难，稍不留神，就会滑倒、跌倒、摔倒，要沉住一口气，将气从头部、胸部、腹部向脚底涌泉穴沉下，像北极熊踏雪而行，看似笨拙，实则稳起稳落。沉气走球三年，能够使身体轻而有根，飘飘然而不飞升。

图 6-10　　　　　　　　　　　　图 6-11

三、提气跑球

1. 从第一个足球开始跑，用高桩步。左脚跑在第一个足球上，左手前探，右手向腰部后下摆动。两眼平视。（图 6-12）

2. 接上动，跑右步，右脚向前跑在第二个足球上，右手前探，左手向腰部向后下摆动。两眼平视。（图 6-13）

3. 接上动，左脚踏在第三个足球上，右脚向前踏在第四个足球上，两眼平视。

4. 按这个办法，不停地向前跑。要求每次训练能够在 42 个足球上跑满 100 圈。

图 6-12　　　　　　　　　　　　图 6-13

要点：提气跑球时，要求像从一个水上竹筏跑到另一个竹筏上那样，提着一口气，将气从脚底涌泉穴向上提到腹部、胸部、头部。提气跑球三年，能够使身体轻灵快捷，如猿似猴，奔跑如飞。

四、直线跳球

1. 从第一个足球开始跳，用高桩步，从左脚踏在第一个足球上开始，两眼平视。（图6-14）

2. 接上动，跳右步，左脚跳在第二个足球上，右脚跳在第三个足球上，右手前探，左手向腰部向后下摆动。两眼平视。（图6-15）

3. 接上动，跳右步，右脚向前跳在第二个足球上，右手前探，左手向腰部向后下摆动。

4. 接上动，左脚跳在第三个足球上，右脚向前跳在第四个足球上，两眼平视。

5. 按这个办法，不停地向前跳。要求每次训练能够在42个足球上跳满100圈。

要点：提气跳球三年，能够使身体轻快敏捷，如松鼠轻快地从这一个树枝跳到另一个树枝。

图6-14　　　　　　　　　　　　图6-15

五、斜线跳球

1. 在两行足球之间，用高桩步，从第一行第一个足球开始跳，从左脚踏在第一个足球上开始，目视左前方。（图6-16）

2. 接上动，跳右步，右脚跳在第二行第二个足球上，目视左前方。（图 6-17）

3. 接上动，在第一行第三个足球上蹲稳，提起右脚。目视右前方。（图 6-18）

4. 右脚跳在第三个足球上，右手前探，左手向腰部向后下摆动。目视右前方。（图 6-19）

5. 按这个办法，不停地向斜前方跳步。要求每次训练能够在 42 个足球上跳满 100 圈。

要点：斜线跳球动作舒展，似雄鹰侧伸双翼展翅而飞，常用于格斗中破坏对方的中线。

图 6-16

图 6-17

图 6-18

图 6-19

扫码看视频

内圈手

鸳鸯环

竹刷功

铁砂掌

上桩功法

九星躲闪桩

自然门轻功 – 走簸箕

自然门拳法

自然门刀术